FELICIDAD EN EL TRAYECTO

Nicole Fuentes K.

FELICIDAD EN EL TRAYECTO

Ocho rutas

URANO

Argentina – Chile – Colombia – España
Estados Unidos – México – Perú – Uruguay

1.ª edición: abril 2018

© 2018 *by* Ediciones Urano, S.A.U.
Plaza de los Reyes Magos 8, piso 1.º C y D – 28007 Madrid
Ediciones Urano México, S.A. de C.V.
Ave. Insurgentes Sur 1722, 3er piso. Col. Florida
Ciudad de México, 01030. México
www.edicionesuranomexico.com

ISBN: 978-607-748-125-6
E-ISBN: 978-607-748-124-9

Fotocomposición: Ediciones Urano, S.A.U.

Impreso por: Litográfica Ingramex, S.A. de C.V.
Centeno 162-1. Col. Granjas Esmeralda
Ciudad de México, 09810. México

Impreso en México – *Printed in Mexico*

Para Isabel, Ana Sofía y Cristina,
amores de mi vida y motores de mi felicidad.

Agradecimientos

Por su asistencia, motivación e inspiración en el camino, gracias:

Marco Mascarúa, Federico Fuentes, Christa Kraffczyk, Joaquín Fuentes, Felipe Fuentes, Marco Mascarúa Flores, Mary Galindo, Isabel Mascarúa, Ana Sofía Mascarúa, Cristina Mascarúa, Mariano Rojas, Felipe del Río, Adriana Lins, Alejandro Tapia, Mariana Mancillas, Ángeles Favela, Fernanda Price, Isabel Centeno, Paloma González, Roció del Toro, Rocío Ríos, Mónica Perera, Luis Gerardo Gómez, Agustín Garibay, José Antonio Torres, Johan Stuve, Daniela de la Torre, Samuel Manickam, Dan Buettner, Nic Marks, Nena López, Ana Sofía Martínez, Matilde López, Yolanda Cervantes, a todos mis compañeros de la clase de los miércoles, a las de la clase de los viernes, a los del CIPPLA-1, a todos los estudiantes que pasan por mi salón, y a todos mis amigos de Facebook que aportaron ideas para el título de este libro.

Contenido

Agradecimientos 9

Contenido... 11

Prólogo: Cuando emprendas tu viaje 15

Calentamiento 19

Ruta 1: Explorando tu felicidad 29

  Ser felices es el por qué detrás de todo lo que hacemos 29

  Las ventajas de la felicidad.................................. 32

  ¿Qué es la felicidad?.. 34

  ¿Conoces tu nivel promedio de felicidad?..................... 37

  ¿Qué te hace feliz?.. 41

  Placer y felicidad de largo plazo 43

  Tu definición de felicidad 46

    ¿Cómo creamos nuestra propia definición de felicidad? 47

  Kit de emergencias... 48

    Cinco por ciento más feliz................................... 48

    Shots de felicidad... 50

    Happiness playlist 51

Ruta 2: Los básicos.. 53

Tu felicidad primero... 53

Mantener el equipo en buenas condiciones.................... 55

Moverse 59

Alimentación... 65

Dormir suficiente 68

Ruta 3: Gratitud 73

La gratitud es buena para tu felicidad 76

Gratitud sobre ruedas 78

Apreciando lo positivo....................................... 79

Agradecer 83

Cuando practicar la gratitud es cuesta arriba................. 85

Ruta 4: Generosidad 89

Empatía, compasión y generosidad 90

Generosidad y felicidad...................................... 92

Generosidad sobre ruedas 95

Cuando practicar la generosidad es cuesta arriba 97

Ruta 5: Lazos sociales.. 103

La frecuencia, la proximidad y la calidad sí importan 105

Lazos sociales sobre ruedas................................. 110

Lazos sociales y tecnología.................................. 113

Cuando las relaciones sociales son cuesta arriba 122

Ruta 6: Relación contigo mismo.............................. 127

Tu crítico interior.. 127

Manejando al crítico interior 129

Autocompasión: El mejor antídoto contra el crítico interior..... 131

Autocompasión sobre ruedas................................. 135

Ruta 7: Sintiendo todas las emociones 139

Felicidad sin anestesia. 141

Embotellar o incubar emociones 145

Ruta 8: Disfrutar el presente y hacer lo que te gusta 149

Hacer menos pero mejor. 149

Saborear la vida. 153

Enfriamiento 159

Conclusiones 161

Referencias 163

Datos de contacto 171

Prólogo:

Cuando emprendas tu viaje

Cuando emprendas tu viaje a Ítaca pide que el camino sea largo, lleno de aventuras, lleno de experiencias. Así empieza el poeta griego Constantino Kavafis su poema, y agrega: *Mas no apresures nunca el viaje. Mejor que dure muchos años.*

En nuestro viaje por la vida siempre está presente el deseo de alcanzar la felicidad.

La felicidad no es una meta que nos espera al final del camino, sino una compañera que deseamos tener continuamente a nuestro lado. Somos felices en el trayecto. Sin embargo, iniciamos nuestro recorrido sin conocerlo, muchas veces bajo condiciones adversas, y sin una guía certera.

Siendo la felicidad una aspiración universal, resulta asombroso ver cómo el sistema educativo, en muchos lugares del mundo, la ha marginado del diseño de programas escolares, como si los niños y niñas no fueran más que fuerza laboral en potencia. En las escuelas se privilegian las habilidades y destrezas que benefician al mercado del trabajo, por encima de las herramientas para alcanzar una vida feliz.

La búsqueda de la felicidad es tan antigua como la humanidad misma. Las personas deseamos ser felices y también queremos que nuestros hijos y seres queridos lo sean. Ante este milenario anhelo, sorprende que por siglos su estudio se haya dejado a la deriva. A lo largo de la historia, poetas y filósofos reflexionaron sobre el tema, pero la ausencia de datos científicos hizo que sus cavilaciones resultaran insuficientes para aumentar la felicidad en las sociedades.

Durante las últimas décadas muchos investigadores sociales se han tomado en serio el estudio de la felicidad; han indagado acerca de los factores que la propician y de aquellos que la desfavorecen. Los hallazgos en este tiempo son muchos y relevantes para la felicidad en el ámbito personal, social y económico.

La literatura generada por los investigadores es amplia; sin embargo, es densa y árida. En ella proliferan el uso de métodos cuantitativos sofisticados, tecnicismos y discusiones teóricas que parecen irrelevantes e indescifrables para quien busca ser feliz en el día a día.

Es importante transformar los desérticos campos de la investigación científica en hermosos jardines que atraigan la atención. No obstante, esta labor es difícil. Para llevarla a cabo es fundamental conocer a profundidad los métodos y la terminología científica, captar el mensaje encriptado en las ecuaciones y los números, distinguir el conocimiento concreto del tentativo. Además, se requiere destreza para trasladar estos conocimientos a un lenguaje accesible con una narrativa agradable.

Hasta hoy, pocos autores han logrado hacerlo exitosamente. Nicole Fuentes Kraffczyk es una de ellas. Su trayectoria de vida la ha posicionado para cumplir cabalmente esta misión: Su conocimiento académico es sólido, ha participado activamente en la comunidad de investigadores de la felicidad, tiene una pluma amena y una narrativa acogedora, es creativa y constructiva y, sobre todo, ha sabido sacarle provecho a su propia vida para escribir un libro que traslada el conocimiento científico al espacio de la vida cotidiana. Sus recomendaciones son útiles para lograr que la felicidad nos acompañe en el recorrido de la vida.

El libro *Felicidad en el trayecto* es de fácil lectura, está bien escrito y estructurado, y aborda temas como el cuidado de la salud física y mental, la práctica de la gratitud y la generosidad, el cultivo de las relaciones humanas, la compasión y la autocompasión, temas que la investigación en torno a la felicidad ha mostrado que son prácticas y actitudes fundamentales para lograrla.

La autora sabe que las cosas no siempre van bien; en la vida hay problemas y momentos difíciles. Aun para estos casos —y quizás en especial para estos casos— tiene un mensaje interesante y una recomendación útil.

La felicidad es un tema que nos interesa y beneficia a todos. Bien harían los funcionarios públicos en considerar la importancia de los lazos sociales, la gratitud, la generosidad y el aprecio por la salud, temas que Nicole aborda en su libro. Quizás esto permitiría diseñar políticas públicas integrales que reconozcan que los seres humanos somos mucho más que meros consumidores.

La ciencia de la felicidad ha demostrado que las personas felices tienen un comportamiento más prosocial y, con ello, contribuyen a la felicidad de los demás.

Este libro es una valiosa aportación para quienes deseamos una vida feliz.

MARIANO ROJAS

Presidente

International Society for Quality of Life Studies

Calentamiento

Hace muchos años me topé con la Ciencia de la Felicidad y, desde entonces, decidí rodar junto a ella. Nuestra historia empezó con un proyecto de tesis y por rebeldía. Estudié Economía, pero llegada la hora de elegir un tema de investigación, me resultó impensable dedicar un año a cualquier tema que sonara a balanza de pagos, tipos de cambio o tasas de interés. Entonces recordé una conversación que había tenido con uno de mis maestros que, además de dar clases y asesorar proyectos académicos, transformó mi vida cuando mencionó que hay una teoría económica que establece que la felicidad de una persona está directamente relacionada con su ingreso. En otras palabras: Más ingreso, más consumo, más necesidades satisfechas = más felicidad.

Esta idea a mí nunca me convenció, porque la felicidad debía tener más de un ingrediente o más de un medio facilitador. Con esta inquietud y mi intención de sacarle la vuelta a los temas aburridos —punto de vista personal— le propuse a mi maestro salir de las rutas tradicionales y explorar algo diferente. Después de analizar algunas ideas ambos decidimos poner a prueba la relación entre el dinero y la felicidad, creo que él también desconfiaba de esa teoría, pues además de apuntarme hacia el tema, logró que el resto de los profesores del Departamento de Economía lo autorizaran como proyecto de tesis. Sospecho que en el fondo todos dudaban.

Los resultados mostraron que el dinero explica un porcentaje muy pequeño de la felicidad de una persona. Con esto resolví una inquietud, pero me hice de una nueva pregunta: ¿Si el dinero no explica la felicidad de una persona, entonces qué sí? Estudiar la felicidad, entenderla y explorar qué podemos hacer para vivir más felices, se convirtió, para mí, en una pasión.

Me quedé con el tema, así que dediqué los siguientes diez años a examinar la felicidad desde el punto de vista científico, junto con otros cuatro maestros inquietos de la Universidad de Monterrey (UDEM). Todos compartíamos el mismo interés que, en ese entonces, era incipiente en México. Así que formamos el Centro de Estudios Sobre Bienestar con el objetivo de identificar y entender los factores más importantes en la felicidad de los regiomontanos, así como de los mexicanos en general. Realicé muchas investigaciones, participé en congresos internacionales y conocí a varios de los grandes autores y académicos líderes en el tema de la Ciencia de la Felicidad, aunque en ese entonces todavía no se llamaba así.

He tenido la oportunidad de dedicarme a estudiar la felicidad desde hace casi veinte años, sin embargo, mi relación con el tema fue cambiando con el tiempo. En los primeros años era algo que yo veía desde afuera, como quien examina una gota de agua bajo el microscopio para ver de qué está hecha, aunque sin estar dentro de ella. No pensaba en la felicidad más que como proyecto de investigación, como un trabajo interesante. Quizá era porque yo sentía que era feliz. Imagino que era algo similar a cuando tu dedo índice te pasa desapercibido, pero llama tu atención cuando te haces una finísima cortada con una hoja de papel. Tenía una familia extremadamente unida y divertida, había terminado mi carrera con honores, me había casado con mi novio de toda la vida.

Los dos tuvimos la oportunidad de estudiar una maestría en el extranjero, vivimos un año en Michigan, y otro en Nueva York. Cuando regresamos a Monterrey ambos conseguimos el trabajo que queríamos, el mío fue como investigadora del tema de la felicidad en la Universidad de Monterrey. Mi vida académica era tranquila, impartía un par de clases en el Departamento de Economía y el resto de mi tiempo lo dedicaba a la investigación. En las tardes salía temprano y me iba a andar en bicicleta a mi montaña favorita, me divertía descubriendo nuevas rutas, o recorriendo la misma, mejorando mi tiempo. Algunos fines de semana participaba en carreras, además me quedaba tiempo para practicar mis hobbies, ir al cine y salir con amigos. Siempre que tenía vacaciones viajaba, estaba llena de energía. La vida era casi perfecta.

Llegó el día en que me hice mamá de niñas gemelas, supongo que para ponerme al corriente porque mis amigos ya iban en la segunda ronda. Me estrené en la maternidad y me tiré de clavado a un mundo de emociones intensas —algunas aterradoras. Nadie me había mencionado que la montaña rusa de sentimientos era normal. Cuando te hablan de tener bebés, todos te pintan un mundo de color rosa, entonces empecé a pensar que yo estaba haciendo algo mal o que algo no andaba bien conmigo.

Con la maternidad conocí el verdadero significado de la preocupación, del miedo, de la angustia, de la fragilidad, de la vulnerabilidad y del cansancio. El compromiso y la responsabilidad tomaron un nuevo sentido. Ahora era todo el tiempo, era 24/7, como dicen. Los lunes eran iguales a los sábados y las niñas no entendían de días de asueto, ni de mamás agotadas o enfermas. Pasé de habitar en un mundo conocido donde me sabía capaz, a uno desconocido donde con frecuencia me sentía extraviada. De golpe y porrazo perdí la libertad y dejé de ser dueña de mi tiempo, mi círculo de acción se redujo al tamaño de mi casa, salvo por tres horas al día, una vez por semana, que daba clase en la universidad, o una hora para ir al supermercado. Mis pasatiempos se fueron al cajón, los proyectos entraron en pausa y empecé a coleccionar ideas que no podía llevar a cabo. La bicicleta se llenó de polvo, las cadenas se oxidaron y las arañas, con sus telarañas, decoraron los rayos de las llantas. Así que mejor la guardé en un almacén, junto conmigo. Mi definición de lujo cambió radicalmente, ahora el lujo era dormir de corrido o suficiente, permanecer sentada de principio a fin durante el desayuno, disfrutar de la comida caliente, tener tiempo para bañarme, ir al baño sin que un llanto me interrumpiera. Lujo, era pasar un rato sin pensar en que algo podía salir mal, o hablar con mi esposo sin interrupciones. Con ansias esperaba la hora de la siesta de las niñas. Me ilusionaba imaginar lo que haría con esos 60 minutos, la realidad era que para mí esa hora nunca tenía 60 minutos, era de 30, 20 o quizá 15, pues era casi imposible sincronizar a mi par para dormir y, si lo conseguía, también yo me quedaba dormida. Su primer año me pasó como un nubarrón, funcioné en modo supervivencia.

Tres años después llegó la tercera niña, pronto comenzaron los temas de colegio, los partidos y el millón de vueltas en las tardes. Sin quererlo, ahora también era chofer y porrista. Se me llenaron las manos de obligaciones que no necesariamente me gustaban —los hijos son una bendición, pero requieren cambio de pañal varias veces al día y, cuando son más grandes, se ofrecen para llevar galletas caseras al colegio de un día para otro, y logran convertirte en la peor mamá del mundo por no comprar un chocolate antes de comer. Nunca encontraba el momento para trabajar en mi tema de investigación ni para dedicarlo a mis pasatiempos. Para hacerlo, tenía que desvelarme o levantarme muy temprano, aunque eso nunca era fácil, porque siempre me faltaban horas de sueño. La vida de mamá me puso a prueba, en serio.

Mi existencia se había llenado de sentido y propósito con la llegada de mis hijas, ellas colmaron mi corazón, pero al mismo tiempo sentirme feliz en el día a día ya no era tan fácil como antes. Incluso, en ocasiones, era todo un reto. Me sentía frustrada, cansada, con falta de concentración, aburrida y poco motivada. La felicidad me evadía, y empecé a mirarla con otros ojos.

Ya no leía sobre la felicidad para escribir un reporte o armar una presentación, ahora leía sobre ella para mantener mi propia felicidad o, incluso, recuperarla. Empecé a preguntarme: *¿Cómo aplico a mi vida todo lo que he leído? De todo lo que dicen las investigaciones, ¿qué me puede servir a mí? ¿Qué hago para sentirme como antes?* Constantemente buscaba en el cajón de opciones, herramientas y estrategias para sentirme bien, así como quien busca recetas cuando necesita ponerse a dieta. Ahora yo investigaba con un objetivo diferente.

Al mismo tiempo algo dentro de mí empezó a revolverse, una inconsistencia que me hacía sentir como impostora y me dejaba con una especie de cruda moral. Por mis investigaciones, yo tenía que ser extremadamente feliz. De lo contrario... ¿cómo podría considerarme experta en el tema? Para mí ser feliz era una obligación. Además, las personas daban por sentado que con todo mi conocimiento yo tenía que serlo, y de una manera perfecta. Sobre mis hombros sentía la presión de cumplir con mis expectativas y las ajenas. Pero cuando llega la noche, la verdad nos sienta a todos en el banquillo.

Por lo tanto, decidí abandonar mi relación puramente académica con la felicidad, dejó de interesarme trabajar en investigaciones tan formales, cuyo resultado sería un reporte para el mismo público de siempre. En el mundo académico sucede que casi siempre son las mismas personas quienes leen y escriben. Con frecuencia, el valioso conocimiento que generan no alcanza a llegar a la gente del exterior. Es un material increíble pero inaccesible para todos.

Ahora quería meter las manos a la masa, quería dedicarme al lado práctico de la felicidad. Seguí estudiando, me topé con autores dedicados a la Psicología Positiva que empezaban a hacer la labor de traducir los resultados de estudios complejos en estrategias sencillas, eficientes y accesibles, para mejorar la felicidad. Una de las primeras cosas que aprendí de la Psicología Positiva es que el objetivo no es ser perfectamente feliz, sino ser más feliz. Una vida plena y llena de significado, también incluye problemas y emociones complicadas.

Esto era justo lo que andaba buscando, empecé a probar las herramientas de la Psicología Positiva conmigo misma, en grupos pequeños de niños y adultos, y a dar conferencias y talleres en empresas.

En este proceso me he dado cuenta que la felicidad no es perfecta, no es posible ni tampoco deseable ser totalmente feliz el 100% del tiempo. La felicidad no es a costa de las emociones y situaciones difíciles, sino a pesar de ellas.

Ahora entiendo y acepto que conocer muy bien la teoría no me libera de la práctica. No estoy exenta de situaciones difíciles, ni de incertidumbre, ni de problemas, ni de frustraciones. La vida me pone a prueba todos los días igual que a todos los demás, pero conocer las estrategias y las herramientas, sin duda facilita y agiliza el pase. Tengo recursos para reconocer y disfrutar lo positivo y también para defenderme de los ratos complicados. Una de las cosas más valiosas que he aprendido es que una buena parte de la felicidad depende de mí, de lo que hago y pienso todos los días a pesar del entorno y de las circunstancias.

La fórmula de la felicidad no es la misma para todos porque cada uno de nosotros tenemos que trabajar para ser felices en nuestra propia realidad, con lo que somos, desde donde estamos, con los recursos que tenemos y las circunstancias que nos toca vivir.

A veces pensamos que para ser felices tenemos que empezar de cero y que necesitamos una transformación radical, algo así como cambiar la bicicleta llena de kilómetros, oxidada y empolvada, por un modelo nuevo y diferente. No es así, o no siempre es así. Es algo más parecido a sacar la bicicleta de la bodega, aceitarla, quitarle las telarañas y volver a montarse para regresar al camino. No es nueva, pero tampoco es la misma bici de antes. Simplemente es una bicicleta con más kilómetros que sigue andando y se aventura por rutas alternas.

Antes de seguir, considero importante reconocer que las herramientas de la Psicología Positiva no son suficientes, por ejemplo, para mejorar el bienestar emocional de una persona que tiene depresión clínica o ansiedad extrema. Comentarios del tipo «échale ganas» o «cambia tu actitud» están fuera de lugar y hacen daño, pues para quien las padece no es un tema de falta de ganas, sino una cuestión que pudiera estar relacionada con la salud física, mental y emocional. En casos como estos es fundamental buscar ayuda profesional.

Cambiar mi discurso y aceptar que a pesar de saber mucho sobre la felicidad tengo mis malos ratos, me acercó a la gente que quiero y me di cuenta que no estoy sola. Por años mis amigas y yo solo hablábamos de temas superficiales debido a la rutina, a los niños o al trabajo. Era más fácil responder que todo iba bien, era lo socialmente aceptado porque nos daba pena confesar lo contrario, hasta que un día que tuvimos más tiempo o lo síntomas eran más evidentes, comenzamos a hablar, a hablar en serio. Jamás hubiéramos imaginado que cada una tuviera tristezas guardadas y sueños empolvados.

Esto me hizo caer en la cuenta de la importancia de entrenarnos en herramientas para el bienestar emocional y la felicidad, así que me inspiré en la clase más famosa de Harvard, Psicología Positiva, impartida por Tal Ben-Shahar, y decidí ofrecer una clase similar en la Universidad de Monterrey. Después de insistir muchos años y gracias al apoyo de otra de esas personas que transforman vidas, logré que diéramos por primera vez la clase «Acciones para la Felicidad». Un taller donde los estudiantes aprenden hábitos y estrategias que pueden incorporar a su vida diaria para ser más felices.

Considero fundamental enseñar a los jóvenes a mejorar su bienestar emocional, me gusta convencerlos de que no tienen que esperar a ser grandes ni pasar por una tragedia para ser felices. Que la felicidad no llega sola, que es una habilidad que se puede desarrollar y que requiere de trabajo deliberado. Que la expectativa no es ser totalmente felices todo el tiempo, sino ser felices tan seguido como sea posible. Con el deseo de que tengan una vida emocional sana, me gusta mostrarles las rutas alternas y torcidas de la felicidad, porque ni son directas ni hay solo una.

He dedicado una buena parte de mi vida a entender la felicidad, he leído a los grandes autores, he convivido con expertos en el tema, he acumulado experiencia y todo el tiempo aprendo algo nuevo. Además, me encanta comunicar, enseñar y contribuir. Y en esta intersección encuentro uno de mis propósitos de vida: compartir las herramientas y el conocimiento que nos hace llegar la ciencia para aumentar nuestra felicidad: Aprender a disfrutar lo positivo y adquirir recursos para enfrentar las adversidades.

Mi intención al escribir este libro es compartir lo que he aprendido sobre la felicidad y aportar ideas que la ciencia ha probado que sí funcionan, mi deseo es que en este texto encuentres algo que te guste pero, sobre todo, que te inspire a hacer un cambio que te permita ser feliz durante la ruta y que no esperes hasta llegar a un determinado destino para alcanzar la tan anhelada felicidad.

En este libro encontrarás ejemplos de situaciones con las que quizá puedas identificarte, ejercicios para poner en práctica algunas de las herramientas, invitaciones para mirar en tu interior e ideas sencillas que puedes incorporar a tu rutina para elevar tu sensación de felicidad. Sugiero que la primera vez que lo leas, lo hagas en orden y sin brincarte ningún capítulo. En ocasiones futuras podrás visitar directamente la sección que necesites o quieras consultar.

Ruta 1:

Explorando tu felicidad

Si no sabes a dónde vas, cualquier camino te llevara allá.

LEWIS CARROLL

Ser felices es el por qué detrás de todo lo que hacemos

No importa en qué momento de la historia o en qué parte del mundo nos tocó vivir, todos los seres humanos compartimos el deseo de sentirnos bien, en esto todos estamos de acuerdo. Si acaso tú no quieres ser feliz, por favor anúnciate. Hay científicos buscándote.

Ser felices es el por qué detrás de todo lo que hacemos, existe un ejercicio sencillo diseñado para reflexionar sobre la importancia de la felicidad y su papel como eje rector de nuestra existencia. Consiste en preguntarle a la gente: ¿Qué es lo más importante en la vida? La respuesta más común es «ser feliz». Algunas personas llegan a esta conclusión por la vía directa y no hay más que hacer, en cambio, otras hacen escalas y dicen algo así como ser exitoso, tener una nueva casa, empezar una familia, terminar la carrera, viajar, bajar de peso o recibir una promoción en el trabajo.

Estas respuestas hacen más divertido el ejercicio porque detonan una nueva pregunta para la persona: ¿*Por qué quieres alcanzar esta meta?* Por ejemplo, ¿por qué quieres casarte? Si la respuesta es «para ser feliz» el proceso termina, pero si la respuesta es algo así como «para formar una familia y estar acompañada», entonces volvemos a preguntarle: ¿*Por qué?* Eventualmente —y suponiendo que no se harta con tantos porqués— la persona responde: *Para ser feliz,* o algo que se parece mucho *para estar en paz, para sentirme bien.* Alcanzar la felicidad es la razón —consciente o inconsciente— detrás de cada sueño, misión o meta personal.

Buscar la felicidad pareciera ser una misión que traemos programada de fábrica, ser feliz literalmente se siente bien. Las emociones como felicidad, alegría, satisfacción, placer, amor y todas las que van en este mismo cajón, producen cambios químicos en nuestro cuerpo pues hacen que el cerebro produzca dopamina, serotonina y oxitocina. Estas son hormonas y neurotransmisores que comunican un mensaje claro: *Esto se siente bien,* creando una sensación positiva que nuestro cerebro quiere repetir una y otra vez.

Entonces no solo queremos ser felices, sino que tratamos de ser felices. Si haces una búsqueda en el sitio de Amazon con la palabra «Happiness», en la sección de libros de auto-ayuda, aparecerán más de 20.000 opciones. Algunos libros revelan los secretos de la felicidad, otros trazan los caminos al ambicionado destino, y otros más indican los pasos para construirla. Unos están basados en la ciencia y vale la pena leerlos si queremos encontrar ideas que funcionan para vivir más felices, otros son filosóficos o están inspirados en historias personales. Pero aquí el dato relevante es 20.000, este número muestra claramente que andamos buscando la fórmula de la felicidad en todos lados.

Si lo que hemos leído en los libros no funciona y seguimos tristes, ansiosos, desmotivados, sin energía o con miedo por mucho tiempo, entonces acudimos al médico a preguntarle si todo está funcionando como debe. Tal vez podría ser que la tiroides no esté trabajando correctamente o que nos falte algún mineral y requerimos medicina para recuperar el ánimo. Si lo físico está en orden pero continuamos decaídos, entonces vamos a terapia, consultamos a un «doctor de sentimientos» —como decimos en mi casa— para que nos ayude a recuperar el bienestar emocional.

El deseo de ser felices es ancestral, universal y está detrás de todo lo que hacemos. Esta ya es razón suficiente para concluir que la felicidad es muy importante. Lo increíble, además, es que la felicidad no es solamente algo que se siente bien, sino que tiene muchas y muy importantes ventajas.

Un vistazo a tu interior: *Todos tenemos sueños, aspiraciones y metas. Si escribieras una lista de las cosas que quieres o quisieras hacer, cuál sería la respuesta a la pregunta: ¿Por qué haces lo que haces o por qué quieres las cosas que quieres?*

Las ventajas de la felicidad

La felicidad es más que una sensación placentera, es un mecanismo que induce un estado emocional que nos da ventajas para jugar en la vida, colocándonos en mejor posición de cancha y con recursos de mayor calidad.

Las hormonas que libera nuestro cerebro cuando estamos en un estado emocional positivo —dopamina, serotonina, oxitocina— abren el acceso a la zona VIP de nuestros recursos y capacidades personales. Estos forman parte de nuestro repertorio, pero están almacenados y podemos activarlos solo cuando nos sentimos felices, alegres, motivados o con energía. Las sustancias químicas funcionan como combustible de alto desempeño o como el traje de Batman que potencia la inteligencia, agilidad y funcionamiento de Bruce Wayne. Es más, podríamos pensar en Batman como la versión feliz de Bruce Wayne.

Cuando estamos bajo los efectos de estas hormonas aumenta nuestra inteligencia cognitiva. Nuestros centros de aprendizaje retienen, organizan y recuperan mejor la información. Además, pensamos más rápido, somos más creativos, analizamos y resolvemos problemas más complejos. Incluso, algunos experimentos de seguimiento ocular (*eye-tracking*) muestran que nuestra visión periférica se expande, es decir, detectamos más oportunidades y reducimos el riesgo de accidentarnos.

Nuestra inteligencia emocional también es superior cuando nuestro cuerpo está inundado de hormonas positivas; nos comunicamos mejor, colaboramos más y sentimos empatía y confianza hacia los demás. La habilidad para conectarnos crece y la calidad de nuestras interacciones sociales también.

¿Cómo se traduce todo lo anterior en beneficios tangibles en nuestra vida diaria? La felicidad es como tener puesto el traje de Batman, cuando nos vestimos con él tenemos acceso a nuestros recursos de mayor calidad y funcionamos mejor en todos los ámbitos. La ciencia tiene evidencia sólida al respecto.

Las personas más felices viven en promedio más tiempo y con mejor salud pues su sistema inmunológico es más resistente. Tienen mejores interacciones sociales y redes de apoyo más sólidas. Sus probabilidades de conseguir pareja, en caso de que lo deseen, son mayores ya que sonríen más y eso las hace más atractivas. Y, una vez que la consiguen, tienen posibilidades más altas de quedarse con ella. Aquí tienes una idea para tu siguiente cita: *Sonreír te hace una persona más atractiva.*

Los papás y mamás que además son personas felices, son mejores padres. Cuando estamos contentos, motivados y con energía, nos involucramos con nuestros hijos. Les mostramos afecto, les tenemos más paciencia, nos interesamos por sus actividades y modelamos comportamientos positivos. Es decir, generamos un ambiente de armonía y estabilidad que le viene bien a todos. A mí me queda claro que soy una mejor mamá para mis hijas cuando me siento bien.

En la escuela los niños y adolescentes más felices tienden a ser mejores estudiantes. Sus calificaciones son buenas, participan en actividades extracurriculares, tienen una red sólida de amigos, sus interacciones sociales son positivas, los maestros los quieren —y los toleran más—, son buenos deportistas y ante situaciones de adversidad, no se rinden fácilmente. Todo esto los ubica en una posición de ventaja cuando llega la hora de salir a buscar trabajo, pues sus credenciales son muy atractivas para las empresas.

Las personas felices también son mejores empleados: Llegan más temprano, faltan menos —generalmente tienen buena salud—, trabajan mejor en equipo, atienden bien a los clientes, son más leales a la empresa, se accidentan menos, son más creativos e innovadores y venden más. Estas características son buenas noticias para las compañías, pues afectan positivamente las utilidades. Por otra parte, los empleados relativamente más felices reciben mejores evaluaciones en sus reportes de desempeño que sus contrapartes menos felices, tienen mayores sueldos y son promovidos más rápido. Desarrollar la habilidad de ser feliz es una excelente idea si quieres crecer dentro de tu organización, ya que resalta tus competencias. Te conviene.

Un vistazo a tu interior: *La ciencia prueba contundentemente que la felicidad tiene consecuencias positivas en todos los aspectos de nuestra vida. Aun así, este es un tema donde el sentido común y nuestra experiencia son evidencia suficiente. Recuerda los días en que te levantas cansado, enojado, deprimido o estresado; piensa en cómo funcionas y cómo te relacionas con los demás. ¿Ya? Ahora compáralos con un día en que te sientes motivado, con energía y feliz. Muy diferente, ¿cierto?*

¿Qué es la felicidad?

¿Te lo has preguntado alguna vez?

Y con esto lo que quiero lograr, en realidad, es hacerte

pensar si alguna vez te has detenido a definir formalmente el concepto felicidad, algo así como si tuvieras que redactar una descripción precisa para un diccionario.

¿Lo has hecho?

Lo más probable es que no y no pasa nada, porque para sentir felicidad no hacen falta definiciones exactas ni escrupulosas. Todos, de alguna u otra manera, sabemos cómo se siente estar feliz.

Comúnmente, usamos la palabra felicidad para describir las emociones positivas —alegría, armonía, tranquilidad, calma, paz, euforia, satisfacción— y utilizamos las expresiones: *Me siento feliz* o *soy feliz,* en diferentes maneras y situaciones. Por ejemplo, si hacemos una evaluación general de nuestra vida, y concluimos que va bien, expresamos: *Soy feliz.* Algunas veces decimos: *Soy feliz porque así soy yo. La felicidad es un rasgo de mi personalidad.* O *Así vengo de fábrica.* También usamos la palabra felicidad para representar la emoción momentánea que detona un evento particular como: *Celebré mi cumpleaños con todos mis amigos, ¡qué felicidad!* O podemos aplicar este término para describir una experiencia sensorial: *El calor del sol en la piel me hace sentir feliz.*

Ante la tarea de explicar el significado de felicidad con frecuencia recurrimos a cosas que nos hacen sentir felices, por ejemplo: *Unos cuantos libros, unos cuantos viajes y unas cuantas cervezas,* o describimos estados emocionales que generan esa sensación como: *Estar en paz conmigo mismo; hacer lo que me gusta; estar en armonía con la gente que quiero; tener salud; disfrutar el momento presente; aceptar la realidad; ponerle buena cara al mal tiempo.* Todo esto produce felicidad, pero no es una definición del concepto de felicidad.

Las personas no necesitamos una definición de felicidad para sentirla o para reconocer lo que nos hace sentir felices. Pero para medirla, estudiarla y descifrarla, los investigadores y académicos sí necesitan una definición formal, de lo contrario, andarían por el mundo explorando cada quién una cosa distinta.

Es así que la ciencia decidió ponerse de acuerdo bajo la siguiente definición: La felicidad es el grado en que una persona evalúa la calidad de su vida en general como favorable o es el grado de satisfacción que una persona obtiene de sus circunstancias personales. Una palabra clave en la definición es «evalúa». La felicidad, desde un punto de vista académico, es una percepción y además es subjetiva. Incluso el nombre científico de la felicidad es: Bienestar subjetivo.

Desde épocas ancestrales los seres humanos se han preguntado qué constituye una buena vida. Los académicos que estudian el bienestar subjetivo, asumen que un ingrediente fundamental para una buena vida es que a la persona le guste su vida. El bienestar subjetivo es la evaluación cognitiva y afectiva que cada persona hace de su vida, es un concepto general que incluye emociones positivas, emociones negativas y el grado de satisfacción con la vida. Entonces, una persona feliz o con bienestar subjetivo elevado es alguien que está altamente satisfecha con su vida y experimenta más emociones positivas que emociones negativas.

Dado que la felicidad depende del grado de satisfacción que una persona obtiene de sus circunstancias personales o de la evaluación que hace de su vida en general, la felicidad es entonces algo relativo y flexible. Algunas personas pueden ser felices con lo que para otras puede ser muy poco, y otras son poco felices aun cuando tienen bienes, privilegios y todo lo que para otros sería deseable. En este sentido podemos afirmar, sin temor a equivocarnos, que la felicidad depende en parte de la calidad del lente con que observa cada espectador.

Y a ti, ¿qué te dice tu lente sobre el grado de felicidad en tu vida?

Un vistazo a tu interior: *¿Te has puesto a pensar qué es la felicidad? ¿Qué significa la felicidad para ti?*

Ejercicio: Felicidad para mí…
Piensa qué significa la felicidad para ti, escribe todo lo que llegue a tu mente —salud, familia, estar en paz contigo mismo, etc.

¿Conoces tu nivel promedio de felicidad?

Probablemente no.

¿Conoces tu nivel de colesterol, glucosa en la sangre o tu presión arterial? Probablemente sí. Estamos acostumbrados a medir y monitorear distintos aspectos para cuidar nuestra salud física, pero no hacemos lo mismo con la salud emocional. No dedicamos tiempo a reflexionar sobre nuestra felicidad, y mucho menos a medirla. Esto no hace ningún sentido, pues si la felicidad es el «por qué» detrás de todo lo que hacemos, entonces deberíamos saber qué tan felices somos, de dónde obtenemos nuestra felicidad o por dónde se nos está escapando.

Una de las recomendaciones que más escuchamos para cuidar nuestra salud física es acudir a un chequeo médico por lo menos una vez el año, que entre otras cosas, incluye análisis clínicos. Vamos en ayunas a extender el brazo y, luego de unas horas, el laboratorio nos entrega los resultados.

En ellos identificamos nuestros niveles específicos en diferentes parámetros y vemos si se encuentran dentro del rango que delimita lo «normal». Posteriormente el doctor analiza nuestros resultados y, si algún indicador anda fuera del área permitida, nos dirá qué hacer para regresarlo, sentirnos bien y funcionar como debemos.

Para cuidar nuestra salud emocional también tenemos que checar cómo anda nuestro nivel promedio de felicidad y el grado de satisfacción que sentimos en diferentes aspectos de nuestra vida. Queremos estar en la zona donde nuestro estado emocional sea positivo: Sentimos alegría, paz, tranquilidad, motivación, buen nivel de energía e interés en lo que hacemos.

¿Cómo medimos la felicidad? Imagina que te asignan la tarea de salir a la calle y descubrir qué tan felices son 100 personas, ¿cómo le harías si pudieras observarlas, pero no hablar con ellas?, ¿en qué te fijarías? Quizás en su lenguaje corporal, su postura —si están erguidas o encorvadas—, en su mirada, en su sonrisa, en su manera de caminar. La felicidad se nota y sus signos son universales. Si pudieras conversar brevemente con cada una, ¿qué te gustaría saber?, ¿qué tipo de preguntas le harías? Esto ya lo haces con tus amigos, conocidos o personas a quienes recién conoces. Con frecuencia exploramos cómo se sienten las personas en encuentros casuales o en reuniones sociales; indagamos sobre las áreas que intuimos son importantes en su vida, por ejemplo: ¿Cómo estás?, ¿cómo está *tu familia?*, ¿cómo va *el trabajo?* También podrías preguntarle directamente: ¿Qué tan feliz *eres?*

Existen pruebas rápidas para medir la felicidad, una manera muy sencilla de medir la tuya consiste en responder la siguiente pregunta: *Tomando en cuenta todos los aspectos de tu vida en general (familia, amigos, trabajo, hobbies, salud, etc.) en una escala del 1 al 10, donde 1 es nada feliz y 10 es muy feliz, ¿qué tan feliz te consideras?*

¿Ya tienes un número en la cabeza? Estoy segura de que sí. Ahora que ya tienes un indicador de tu felicidad, ¿qué hacemos con él? Ubicar tu nivel de felicidad promedio te da un punto de referencia que te permitirá hacer dos tipos de reflexiones: ¿Qué tendría que pasar para que aumentarás tu felicidad un punto? Y ¿qué haces bien y evita que tu felicidad esté un punto más abajo?

Hacer el siguiente ejercicio te ayudará a visualizar algunas avenidas de acción para mejorar tu felicidad.

Supongamos que tu número es un 6. Piensa: ¿Qué tendría que pasar *para que tu felicidad fuera un 7 o un 8? ¿Qué estarías haciendo? ¿Qué problema estaría resuelto? ¿Qué recursos tendrías? ¿Qué aspecto de tu vida estaría mejor? ¿Quién estaría contigo?* ¿A qué le dedicarías *tu tiempo?*

Ahora bien, ¿qué hacemos si tu número está en la zona baja de la escala de felicidad? En un 4, por ejemplo. Podrías preguntarte lo siguiente: ¿Qué estás haciendo *bien y evita que seas un 2 o un 3? ¿Qué funciona? ¿Cómo puedes construir sobre lo que sí sale bien? ¿Cuál aspecto de tu vida está bien?*

Además de conocer tu nivel promedio de felicidad es importante reflexionar sobre el grado de satisfacción que sientes en diferentes aspectos de tu vida o el tipo de emociones que experimentas con más frecuencia, pues este dato agrega información importante para tu bienestar. Después de todo, tu felicidad promedio aumenta cuando atiendes cada uno de los aspectos específicos de tu vida, por ejemplo: tu trabajo, tus relaciones familiares, el uso de tu tiempo… Construir el hábito de hacer regularmente un *check–in* de tu nivel de felicidad, te permite identificar patrones, situaciones, lugares o personas que influyen en tu grado de felicidad.

En Internet puedes encontrar muchos recursos para explorar este tema. En la página del Centro de Psicología Positiva de la Universidad de Pennsylvania, uno de los más prestigiados en el mundo, encontrarás diferentes cuestionarios para medir tu bienestar emocional. Visita la página, responde algunas de las escalas relacionadas con la felicidad y regresa de vez en cuando para repetir la medición. Lleva un registro de tus resultados y dedica algunos minutos a reflexionar sobre ellos, ¿qué está pasando en tu vida en este momento? Si notaste algún cambio en tu nivel promedio de felicidad, ¿a qué se debe?

Ejercicio: ¿Qué tan feliz eres?
Tomando en cuenta los aspectos generales de tu vida, ¿qué tan feliz te consideras? Circula el número que mejor refleje tu sentir.

Nada feliz   1   2   3   4   5   6   7   8   9   10   Muy feliz

Un vistazo a tu interior: *Piensa en el número que elegiste en la escala anterior y responde las siguientes dos preguntas:*

1. *¿Qué tendría que pasar en tu vida, qué tendrías que hacer, qué te gustaría lograr, con quién te gustaría estar, qué metas te gustaría alcanzar, qué problemas tendrías que solucionar para moverte al siguiente número hacia arriba en la escala?*

2. *Ahora piensa, ¿qué haces actualmente para estar en ese número, qué funciona, qué te gusta, qué tienes? En otras palabras, ¿qué hace que estés en ese número y no en uno más bajo?*

¿Qué te hace feliz?

Con frecuencia nos lanzamos a una aventura sin asegurarnos de tener los elementos fundamentales en orden. Para recorrer una distancia larga en bicicleta lo primero que tendría que hacer yo es pensar en lo básico: *¿Mi bicicleta es la adecuada para el tipo de ruta? ¿Tiene el tamaño correcto? ¿Es cómodo el asiento? ¿Sirven los frenos? ¿Tengo casco y guantes?* A veces hay que empezar por lo elemental… *¿Me agrada andar en bicicleta? ¿A dónde quiero ir? ¿Me gustaría recorrer un camino lleno de subidas y bajadas o prefiero uno plano?*

Queremos ser felices, aspiramos a ser felices y hacemos todo lo posible para serlo, pero muchas veces sin detenernos a pensar en lo más elemental: ¿Qué es la felicidad para mí? ¿Qué *me hace feliz?* Si tenemos identificado todo aquello, pequeño y grande, que se traduce en felicidad para nosotros, será entonces mucho más fácil tomar acciones para elevar, mantener o recuperar nuestra sensación de felicidad.

Cuando sabemos qué nos agrada y nos funciona, podemos usarlo como recurso. Las personas tenemos gustos diferentes y encontramos la felicidad o la tranquilidad en actividades distintas.

Hacer ejercicio me hace feliz, pero no cualquiera es igual para mí en términos de generación de satisfacción. Me gusta andar en bicicleta y correr al aire libre; en cambio, una clase de baile me hace sentir miserable, y el yoga me estresa porque no logro mantener el equilibrio. Prefiero una conversación profunda con un par de personas que una fiesta alborotada, me agrada más el silencio que el ruido de la televisión. Me encanta leer, escribir, pintar y tomar fotos. Me fascina pasar tiempo en contacto con la naturaleza y me hacen más feliz unas vacaciones en un lugar que me permita contemplar paisajes y caminar que una visita a Disney. En el día a día, mis momentos placenteros están asociados con lo que a mí me gusta, me inspira y me emociona.

La felicidad tiene componentes o rutas que son universales, pero cada quién debe recorrerla como más le agrade y avanzar al ritmo que le funcione. Incluso entre los aficionados a la bicicleta hay gustos diferentes. A algunos les encanta la bicicleta de ruta y disfrutan pedaleando distancias largas en grupo. Hay quienes eligen la de montaña con pistas llenas de obstáculos; a otros les fascinan las bajadas pronunciadas a toda velocidad y también hay quienes prefieren la bicicleta estacionaria del gimnasio. Lo mismo sucede con la felicidad.

....

Un vistazo a tu interior: *Tú, ¿qué prefieres?*

....

Ejercicio: ¿Qué te hace feliz?

Piensa en lugares, personas, actividades y experiencias que te producen emociones positivas. ¿Qué te gusta hacer? ¿Qué disfrutas? Correr, pasar tiempo con tus hijos, tocar el piano, pintar, cantar, ver un atardecer, tejer, andar en bicicleta, jugar futbol, pasear al aire libre, surfear, tomar café con tus amigos, cocinar, leer, aprender algo nuevo, escuchar música, investigar, meditar… ¿Cómo te gustaría pasar el tiempo?¿Qué te gustaba hacer cuando eras más joven? ¿Qué te agradaba hacer antes de que tuvieras hijos y saturaran tu tiempo? Escríbelas en una lista.

Placer y felicidad de largo plazo

«El placer es la felicidad de los locos, la felicidad es el placer de los sabios» dijo el escritor y periodista francés Jules Barbey D'Aurevilly. Y es que placer y felicidad no son la misma cosa. No toda la felicidad es igual y es importante conocer la diferencia, existe la felicidad momentánea y la que perdura en el tiempo. La momentánea está asociada al placer, a sentirse bien en el instante y tiene un efecto efervescente, fugaz o de corta duración. Casi siempre es generada por un estímulo externo y tiene como fin evitar el dolor o el sufrimiento. La que perdura en el tiempo viene del interior, tiene un efecto de larga dura-

ción e incluye los momentos difíciles que nos reparte la vida. La construimos cada día y es el resultado de cultivar nuestros lazos sociales, tener un sentido de vida y propósito definido, cuidar nuestra salud, practicar la gratitud y alcanzar nuestras metas personales, entre otras cosas.

Ciertas acciones que generan placer también contribuyen a la felicidad en el tiempo. Por ejemplo: Practicar ejercicio, ayudar a otros, estar con la gente que queremos o hacer lo que nos gusta, nos dan una sensación placentera instantánea y además abonan a nuestro bienestar de largo plazo (mejor salud, sentido de vida y lazos sociales estrechos).

Sin embargo, algunas actividades o conductas tienen el potencial de poner en riesgo nuestro bienestar futuro. Por ejemplo: A veces, para evadir el dolor o el sufrimiento, podemos generar placer abusando del alcohol, apostando o comprando compulsivamente. Estas acciones se sienten bien en el momento, pero pueden tener un impacto negativo más adelante.

Es importante alinear lo que nos genera placer temporal con nuestra felicidad en el tiempo. Construimos nuestro bienestar futuro con momentos y experiencias cotidianas e incluir estos momentos en nuestro día a día hacen que nuestro presente sea más agradable.

Vamos a concentrarnos en la felicidad del momento presente porque, aunque te parezca extraño, casi siempre la dejamos para después: El siguiente lunes, el siguiente mes, el siguiente año, o cuando cierta condición se cumpla. Si te suenan conocidas las frases como: *Voy a ser feliz cuando me promuevan en el trabajo. Voy a ser feliz cuando me case. Voy a ser feliz cuando baje de peso. Voy a ser feliz cuando esté de vacaciones,* es que ya eres víctima de la trampa del cuándo y la felicidad siempre te quedará a la vuelta de la esquina.

¿Cómo hacer para generar o reconocer momentos agradables en el ahora? Lo primero es identificar las actividades que nos ayudan rápida y efectivamente a mejorar nuestra sensación de felicidad. ¿Recuerdas tu lista de felicidad?

Ahora piensa, ¿qué tan seguido haces esas actividades? Los días se nos resbalan como arena entre los dedos mientras recorremos la lista repetitiva e infinita de lo que tenemos que hacer —trabajo de oficina, viajes, supermercado, tintorería, partidos de *soccer*, juegos de basquetbol, clases de baile, citas con el dentista, revisar tareas, preparar la comida. Los meses vuelan sin que nos demos cuenta.

Un vistazo a tu interior: *¿Qué actividad puedes incluir en tu rutina? Revisa la lista que escribiste de lo que te hace feliz, saca tu agenda y genera un espacio en tu calendario para hacer una de ellas. Decide deliberadamente meter lo que disfrutas en tu agenda. Empieza hoy.*

Ejercicio: Placer y felicidad de largo plazo

Dedica unos minutos a pensar en todas las actividades que te dan placer y que disfrutas hacer: comer helado, armar rompecabezas, jugar futbol, tejer. No olvides incluir aquellas acciones que podrían tener consecuencias negativas en el largo plazo: fumar, tomar alcohol, dormir en exceso, comprar compulsivamente. Identifica también las actividades que le dan sentido a tu vida, son las más importantes para ti y construyen tu felicidad en el tiempo: comer saludable, cuidar tu salud, hacer trabajo voluntario, pasar tiempo con la gente que quieres, aprender.

Un vistazo a tu interior: *¿Identificaste alguna acción o conducta que te brinda placer y que pudiera estar poniendo en riesgo tu felicidad de largo plazo?*

Tu definición de felicidad

Cuando abordamos un avión el piloto nos da la bienvenida y anuncia el destino del vuelo para asegurarse que todos estemos en la aeronave correcta, algo similar sucede con la felicidad. Es importante articular nuestra definición personal de felicidad para saber si estamos en la ruta que queremos y tener un punto de referencia de dónde partir o a dónde regresar. Durante el recorrido de la vida invariablemente hay desviaciones que nos sacan del camino y es importante saber cómo volver.

Tu definición de felicidad funciona para varias cosas: Si después de revisar tus niveles de felicidad notas que están bajos, puedes examinar si estás alejándote de ella. Quizá no estás haciendo lo que te gusta: Pasando tiempo con las personas importantes o trabajando en algún proyecto inspirador. También sirve para tomar decisiones importantes… Esta nueva oportunidad o decisión, ¿me aleja o me acerca a mi definición de felicidad? Asimismo, vale para mejorarla en función de lo que es importante para ti. Cuando no tenemos una definición personal, corremos el riesgo de vivir bajo los parámetros de los demás.

¿Cómo creamos nuestra propia definición de felicidad?

Beth Thomas en su libro *Powered by happy*, sugiere tres guías para construir nuestra definición:

- Guía 1: Tu definición personal debe enfocarse en cosas que se traduzcan en felicidad de larga duración o largo plazo. Tiene que estar alineada con lo que da sentido a tu vida, con lo más importante para ti.
- Guía 2: Más que pensar en cosas materiales que te hagan feliz, piensa en acciones, actitudes, actividades, personas, lugares. Utiliza como referencia la lista de felicidad que generaste.
- Guía 3: Tu definición de felicidad debe reflejar tus sueños y tiene que ser realista. Piensa en todo lo que te apasiona, así como en tus fortalezas. Aquí es importante que no pierdas piso con la realidad. Si yo defino como meta ganar el Tour de Francia, estaría apuntando a una gran desilusión, ya que no tengo la preparación física ni los años de entrenamiento necesarios. Una meta real para mí sería, por ejemplo, participar en carreras locales de bicicleta y quedar entre los primeros diez lugares de mi categoría.

Ejercicio: Tu definición personal de felicidad
Ya realizaste el ejercicio de pensar qué significa para ti la felicidad, y has identificado algunas cosas que te hacen feliz. Ade-

más, generaste una lista de acciones que te la dan a corto plazo —placer— y a largo plazo con su consecuente significado y propósito. Con esa información a la mano ha llegado el momento de escribir tu propia definición de felicidad. ¿Cuál es?

Kit de emergencias

Cinco por ciento más feliz

Es todo, no es un esfuerzo monumental, tampoco una gran promesa... pero es alcanzable. Y si de pronto 5% es mucho, podemos pensar en 1%. Lo importante es avanzar en la dirección deseada aunque sea un puntito; rodar y pedalear no importa que sea despacio.

Uno de los ejercicios más sencillo y efectivo que conozco, consiste en añadir —rápido y sin pensar mucho— todas las ideas que llegan a mi mente durante un minuto, a la siguiente oración:

Para agregar 5% más felicidad a mi vida tendría que...

Lo primero que yo pensé cuando hice el ejercicio fue: *Dejar mis llaves siempre en el mismo lugar* y lo segundo: *Escribir en la agenda de mi teléfono lo que tengo que hacer.* Como la meta consiste en agregar solamente 5% más felicidad, elegí acciones muy pequeñas. Al revisar mi lista de respuestas descubrí que a mí, la felicidad del momento, se me escapa por el calendario o se me diluye buscando objetos perdidos.

Pequeños detalles me ahorrarían mucho tiempo y angustia, como dejar las llaves en el mismo lugar o anotar mis pendientes en la agenda porque la puntualidad es muy importante para mí. Tener que dar vueltas por toda la casa buscando las llaves me estresa, porque siento que se me hace tarde. Apuntar al momento, en la agenda del teléfono, lo que tengo que hacer, simplificaría mi vida considerablemente. Siempre me quedo con una vaga idea de lo que viene —partido de basquetbol por ahí del jueves, cita con el dentista a fines de marzo, reunión de trabajo cerca de la universidad, siguiente primera comunión, mandar correo— pero no lo registro en el calendario. Entonces, cuando sospecho que tengo alguna obligación pendiente, lo primero es atinar qué es. La misión comienza por acordarme de la categoría… ¿Deportes?, ¿cuál de mis hijas?, ¿fiesta?, ¿cita con doctor?, ¿correo?, ¿cumpleaños?, ¿reunión?, ¿conferencia?, ¿idea?

El siguiente paso es buscar en los *chats* del teléfono donde creo que está la información. Para eso tengo que recorrer metros y metros de mensajes acumulados. Si no encuentro lo que necesito, visito mi buzón de correo electrónico. Es frustrante. Y saber que podría evitar toda esta pérdida de tiempo con tan solo escribir de inmediato lo que tengo que hacer, me enoja. Perder ideas es lo peor, y la cereza del pastel es cuando alguien me pregunta: ¿por qué no lo apuntas y ya?

Yo podría agregar felicidad a mi vida siendo una persona más organizada, lo sé desde hace tiempo, tan es así que «ser más ordenada» aparece en mi lista de propósitos de año nuevo desde el siglo pasado.

Lograr mi meta implica un cambio de hábitos, y cambiarlos es difícil, lleva tiempo y tiene su ciencia detrás. Caemos en la tentación de definir metas muy ambiciosas y le quitamos mérito a las pequeñas acciones. Sin embargo, es más fácil tener éxito si establecemos rutinas nuevas cuando los pasos son minúsculos.

Aprendí que en el momento presente 1% o 5% es suficiente para empezar, corregir o reemplazar una conducta o emoción. ¿Qué puedo hacer para tener 5% de más paciencia cuando estoy atorado en el tráfico?, ¿qué tendría que hacer para ser 5% más activo físicamente?, ¿qué puedo hacer para ser 1% más auténtico?, ¿qué puedo hacer para tolerar 1% más a esa persona tan difícil?, ¿qué tendría que hacer para estar 5% más enfocado en mi trabajo? La felicidad también está en los detalles y en los pequeños pasos. Y es posible, incluso, que una acción dirigida a tener 5% más tolerancia en el tráfico, logre transformar nuestra experiencia durante el trayecto y aumentar considerablemente nuestra sensación de bienestar.

Un vistazo a tu interior: *Dedica un minuto de tu tiempo para completar la siguiente oración con lo primero que te llegue a la mente: ¿Qué tendría que hacer para agregar 5% más felicidad a mi vida?*

Shots de felicidad

Sin lugar a dudas, todos tenemos días en que amanecemos arrastrando el ánimo por el suelo. De esos en que desde que abres los ojos lo único que quieres hacer es volver a cerrarlos. Días tristes, cansados, faltos de energía, o que se descomponen a medio camino. Pero igual que cualquier otro día, los niños tienen que ir al colegio, tú tienes que ir a trabajar, el bebé necesita comer y cambio de pañal, tienes que hacer la presentación en la reunión semanal de tu equipo. Así que quedarte en la cama no es opción porque tienes que funcionar y, salir a andar en bicicleta tres horas para relajarte, tampoco, porque da la casualidad de que ese día no dispones de ese tiempo.

Caroline Adams Miller y Michael B. Frisch, explican la importancia de tener bien identificadas algunas actividades que nos ayuden de manera rápida y efectiva a mejorar nuestra sensación de felicidad. En otras palabras, «*shots* de felicidad», medidas de emergencia o micro acciones para mejorar el ánimo y seguir con nuestro día.

Antes de elegir qué vas a poner en acción, haz un chequeo rápido para identificar cómo te sientes o qué sientes en esos días difíciles. Con frecuencia puede ser algo como hambre, sed o sueño. Cuando estamos absortos en la rutina o ejecutando una tarea tras otra, nos olvidamos de lo más básico como comer, tomar agua o dormir una siesta para recuperar la energía.

Ejercicio: Shots de felicidad
Escribe una lista de cosas que te dan un *shot* de felicidad y agrégale ideas a medida que vayas identificándolas, tenla a la mano para esos días en que necesitas recordar estrategias para sentirte mejor o devolverte la sonrisa. Por ejemplo: Ver un video que te haga reír, tomar un café o un vaso de agua, respirar profundo tres veces, llamar a una amiga por teléfono, escuchar una canción… Piensa en acciones efectivas que requieran de poco tiempo, no más de cinco minutos.

Happiness playlist

La música es otra estrategia a la que podemos recurrir para aumentar nuestras emociones positivas y elevar nuestra felicidad, todos tenemos algunas canciones que nos animan, motivan y acrecientan nuestro nivel de energía. Escribe tu *happiness playlist*, tenla disponible en tu celular para que puedas escucharla cuando la necesites y te pongas de buen humor.

Ruta 2:

Los básicos

Tu felicidad primero

En caso de tenerlos, ¿qué es lo que más desearías para tus hijos?

Que sean felices, es la respuesta más común que contestan los padres a esta pregunta. Me atrevo a decir que la felicidad de nuestros hijos es un deseo universal, pero en este camino de criar niños y adolescentes dichosos y radiantes, se nos atraviesan remolinos de consejos confusos que muchas veces son contradictorios.

Cuando me convertí en mamá ya no era responsable solo de mi felicidad, sino también de la de mis hijas, entonces me puse a investigar y me topé con el libro de Christine Carter, *El aprendizaje de la felicidad: 10 pasos para fomentar la felicidad en los niños y en sus padres*. El primer paso me atrapó: *Coloca tu máscara de oxígeno primero*. La recomendación es exactamente la misma que la del avión: *En caso de una despresurización de la cabina coloque su máscara de oxígeno primero y después ayude a los demás*. La declaración me sorprendió porque decía justo lo contrario de lo que yo pensaba. Desde mi punto de vista lo primero era la felicidad de mi familia y luego la mía.

Esta idea no era o es solo mía. Los papás y mamás —especialmente las mamás— tendemos a dejar nuestro bienestar en último lugar: Cuidamos hijos, apoyamos en eventos escolares, atendemos a nuestros padres, trabajamos, nos encargamos de la casa, conducimos a un millón de lugares. Y por la noche caemos rendidas para volver a empezar cuando suena el despertador al día siguiente… o quizá, hasta un poco antes para no hacer ruido. Entre todos nuestros quehaceres descuidamos nuestro propio ser.

No es egoísta poner nuestra propia felicidad primero, sino todo lo contrario. Cuando cuidamos nuestro bienestar físico y emocional los recursos personales que ponemos a disposición de las personas que más queremos son de mejor calidad.

Por un momento piensa qué tipo de mamá o papá eres los días en los que te sientes cansado, deprimido, enojado… ¿Ya? Somos menos pacientes y tolerantes, nos involucramos poco con nuestros hijos y vemos el reloj impacientemente esperando que llegue la hora de mandarlos a dormir. Varios estudios muestran que la depresión y el mal humor de los padres afectan de manera negativa a los hijos y los hace más propensos a tener conductas inadecuadas como llamar la atención o hacer berrinches. Cuando estamos deprimidos nuestra capacidad para atender a los hijos es limitada y tendemos a corregirlos de forma poco constructiva —ignorando, levantando la voz, castigando. Existe una correlación entre madres crónicamente deprimidas —que muestran con frecuencia tristeza y desesperanza— e hijos con bajo desempeño académico y menos habilidades sociales.

Ahora piensa en el tipo de mamá o papá que eres en los días que te sientes bien, estable, animado y con energía… ¿Ya? Nos involucramos más, tenemos paciencia, jugamos más, escuchamos, somos más cariñosos y mostramos interés por lo que hacen nuestros hijos.

Cuando nos sentimos bien y partimos de un estado emocional positivo, modelamos comportamientos deseables como generosidad, compasión, solidaridad, afecto, propósito y vitalidad. Somos personas de mejor calidad.

La felicidad y la salud emocional de la familia empiezan contigo. Revisa cómo te sientes y asigna un tiempo para cultivar tu propio bienestar —come sano, duerme suficiente, actívate, pasa un rato con la gente que quieres, fija espacio en tu agenda para hacer lo que te gusta, aprende algo nuevo, di que no. Trabajar en tu felicidad mejora los recursos que pones a disposición de los demás. Recuerda: Coloca tu máscara de oxígeno primero.

Mantener el equipo en buenas condiciones

¿Te has puesto a pensar en la importancia que tiene tu estado de salud en tu sensación de felicidad?

Tendemos a tratar a la mente y al cuerpo como entes separados a pesar de que comparten el mismo contenedor. Los temas o malestares físicos los atiende el doctor de bata blanca, y los relacionados con sentimientos y emociones, el doctor del diván. Este enfoque no es suficiente para explicar la realidad de lo que sucede en la totalidad de nosotros, ya que el cuerpo y la mente interactúan. La ciencia muestra que nuestros pensamientos afectan cómo nos sentimos físicamente y, cómo nos sentimos físicamente, afecta cómo pensamos.

La salud y la felicidad van de la mano. Quizá sea obvio, pero es difícil ser feliz cuando estás cansado o enfermo, y es más difícil si no tienes la energía para hacer lo que tienes que hacer. Tenemos que cuidar nuestro cuerpo para sentirnos bien.

Para que mi bicicleta pueda estar en buenas condiciones y yo pueda pedalearla durante muchos años, su maquinaria requiere de mantenimiento —algo parecido sucede con nuestro cuerpo. Con el uso y el paso del tiempo las cadenas se desalinean, los frenos se desgastan y van apareciendo rayones en la pintura. Requiere de cuidado para mantenerse en buena forma y visitas al taller cada cierto tiempo porque la falta de uso no le sienta bien: Se oxida, se cubre de polvo y las llantas se desinflan (desaniman). Sin duda, es más feliz cuando rueda.

Con el paso de los años cualquier equipo o instrumento deportivo va necesitando de algunos ajustes y cambios, pues lo que antes funcionaba de pronto comienza a dar problemas. Requerirá, quizá, de algunos accesorios para que el viaje sea más placentero y seguro: Una lámpara para iluminar el camino es equivalente a los lentes que utilizamos para ver con claridad nuestro alrededor. La bici también puede rasparse, abollarse o quedar torcida, y entonces necesitará tiempo de reparación. Ojo… podemos cambiar la bicicleta y hacernos de otra nueva, pero no podemos hacer lo mismo con nuestro cuerpo, y es el único lugar que tenemos para vivir.

A lo largo de la historia a los seres humanos nos ha cautivado la idea de vivir para siempre, de permanecer jóvenes o al menos de prolongar nuestra vida tanto como sea posible. Alrededor de la búsqueda de la eterna juventud existen canciones, películas, leyendas… Sin embargo, no solo se trata de vivir muchos años, sino de vivirlos bien, con calidad de vida emocional y físicamente.

Esta idea también ha sido interesante para la ciencia. Dan Buettner y un grupo de investigadores de National Geographic, decidieron explorar cómo retrasar el envejecimiento para vivir más. Buscaron comunidades en el mundo donde las personas son más longevas; lugares donde el porcentaje de individuos que rebasa los 100 años es mayor al resto del mundo, y encontraron cinco «zonas azules» —les llamaron así porque para resaltarlas en el mapa utilizaban tachuelas azules— donde la gente vive en promedio diez años más; con más calidad, vitalidad, felicidad y sentido de propósito.

¿Qué es diferente en estas zonas? Una de las primeras explicaciones que saltan a la mente es que esta longevidad responde a un tema genético. Sin embargo, Buettner advierte que nuestros genes explican únicamente un 20% de las diferencias en los años que vivimos; el 80% restante está determinado por el estilo de vida que llevamos y el ambiente que nos rodea —alimentación, actividad física, conexiones sociales, uso del tiempo. Cómo vivimos nuestra vida y cómo establecemos nuestro entorno, son factores fundamentales en la cantidad de años que viviremos sanos.

Esta extensa investigación de National Geographic permitió descubrir nueve factores que explican la longevidad en las zonas azules que pueden ser resumidos en cuatro grandes categorías: Conexiones sociales, alimentación saludable, propósito de vida y actividad física. Estos factores, además de estar asociados con una vida más larga y más sana, también están asociados con una vida más feliz. Cuerpo y mente interconectados.

De este estudio también se desprenden dos conclusiones importantes que debemos tomar en cuenta en términos de nuestra salud y longevidad: Uno, cada elección cuenta y dos, es importante diseñar el entorno para el éxito de nuestras elecciones.

La primera se refiere a que no importa qué tan sanos estemos actualmente, podemos tomar acciones específicas para tener más energía y vivir más tiempo, es posible tomar elecciones hoy que nos darán más energía en el futuro. El problema es que no vemos en el presente las amenazas que nuestras decisiones cotidianas representan hacia el futuro. Tenemos poca urgencia de cambiar nuestra dieta de comida frita, azúcar y carnes procesadas, hasta que sufrimos un ataque al corazón a los 60 años. Las buenas decisiones acumuladas en el tiempo incrementan, de manera importante, nuestras probabilidades de tener una vida larga, sana y feliz.

La segunda, a que somos creaturas de nuestro medio ambiente y, en las zonas azules, las personas eligen la opción sana de manera natural. Incorporan movimiento a sus días, caminan, pastorean a sus animales, juntan leña, cuidan sus plantas. Su alimentación está altamente basada en vegetales, consumen poca carne y tienen acceso limitado a comida chatarra. Además, descansan suficiente pues su ritmo de vida es menos acelerado.

De esto se desprende la importancia de diseñar y organizar nuestra vida y nuestro entorno de manera que fluya con lo que dicta la naturaleza humana sin tener que pensar mucho en ello. Con frecuencia nuestro comportamiento es resultado de procesos inconscientes; piensa por ejemplo, cuántas veces has comido una galleta o un dulce simplemente porque los viste al pasar o estaban a tu alcance.

Diseña y organízate para que cada decisión que tengas que tomar sea la opción sana. Datos de más de tres millones de adolescentes en California, muestran que tener un restaurante de comida rápida a 1/10 milla de la escuela, aumenta la tasa de obesidad en más de un 5%. Como dice Paul Dolan: *Vivamos por diseño y no por default.*

Gracias a todo el conocimiento científico que se ha generado en los últimos años hoy sabemos que existe una fuerte conexión entre mente y cuerpo, que cada pequeña decisión abona o resta a nuestra salud de largo plazo y que nuestras probabilidades de incurrir en la opción sana aumentan cuando diseñamos nuestro entorno para el éxito.

Si tuviera que apostar, diría que en algún momento de tu vida has escuchado las tres reglas de oro de la salud: moverse, comer sano y dormir suficiente. Estos tres fundamentos no solamente son clave para tener una vida sana, sino para tener una vida feliz.

Moverse

Aquellos que piensan que no tienen tiempo para hacer ejercicio, tarde o temprano tendrán que encontrar tiempo para estar enfermos.

EDWARD STANLEY

Come, muévete y duerme de Tom Rath, es uno de los libros que más me han servido para entender el papel protagonista que el ejercicio y el movimiento tienen en nuestro bienestar físico y emocional. Está lleno de datos, de esos que impresionan y motivan a hacer cambios pequeños, pero que suman en el tiempo.

Cuando hacemos ejercicio nuestro cerebro produce endorfinas, hormonas directamente asociadas a la felicidad. Es por esto que después de ejercitarnos nuestros niveles de energía y sensación de felicidad aumentan. En el largo plazo, la actividad física tiene beneficios psicológicos y físicos sorprendentes.

El ejercicio mejora nuestra autoestima y estado de ánimo, ya que existe un efecto positivo en la manera en cómo nos sentimos después de haberlo hecho, y en cómo nos sentimos con respecto a nuestro cuerpo, nuestra imagen y a nuestra vida en general.

El movimiento y las actividades al aire libre reducen la ansiedad, el estrés e inducen a un estado de calma. Con los años he aprendido que necesito hacer ejercicio para combatir la ansiedad. Andar en bicicleta, para mí, es clave para mantener la tranquilidad o recuperarla cuando se me escapa. Sé que si me siento impaciente, intolerante, confundida, miedosa, asustada o abrumada, tengo que subirme a la bicicleta. Invariablemente, cada vez que comienzo a pedalear, mis pensamientos y mis emociones se apaciguan, se acomodan al ritmo de mi respiración, y a la cadencia de mis pedaleos, empiezan a calmarse, bajan su intensidad. En pocos minutos, los problemas toman una nueva perspectiva.

El ejercicio también promueve nuestro funcionamiento cognitivo, aclara nuestra habilidad para concentrarnos e incentiva la creatividad y la memoria. Algunas de mis mejores ideas me han encontrado sobre ruedas o corriendo. Mi capacidad para ordenar conceptos o visualizar alternativas, mejora considerablemente cuando estoy haciendo deporte. Tan es así que, de unos años para acá, me aseguro de llevar una pequeña libreta para anotar las ideas que aparecen cuando salgo a andar en bicicleta. Cuando las tengo simultáneamente en la cabeza y no logro poner orden mental, una de mis estrategias consiste en salir a rodar. Cuando pedaleo casi todo se acomoda.

La actividad física también tiene muchos beneficios: Alivia el estrés, baja la presión arterial, reduce el colesterol, disminuye nuestro riesgo de desarrollar enfermedades crónicas como diabetes y cáncer y fortalece nuestro sistema inmunológico —entonces nos enfermamos menos y cuando nos enfermamos nos recuperamos más rápido. Además, nos hace vernos mejor y enriquece nuestra vida sexual. Y, por si fuera poco… no tiene efectos secundarios, es legal y es gratis. Es como una píldora mágica que todavía no ha sido embotellada.

Con frecuencia relacionamos las palabras «hacer ejercicio» con actividades físicas intensas que nos hacen sudar la gota gorda. Si te gustan, tienes tiempo y eres disciplinado para hacerlas, ya la hiciste. Pero si este no es tu caso… encontrar la manera de moverte naturalmente y agregarle acción a tu rutina es una buena idea. Quizás una caminata al final del día o por la mañana, evitar el elevador del edificio, o cualquier actividad que puedas integrar a tu estilo de vida.

¿Cuántas horas al día estás sentado?

Actualmente pasamos, en promedio, más tiempo sentados que durmiendo. Despertamos en la mañana y nos sentamos a tomar café mientras estamos leyendo las noticias o revisando el teléfono. Luego nos sentamos en el carro para ir al trabajo y el tiempo de traslado puede ser de treinta minutos a tres horas.

En la oficina estamos sentados entre ocho y diez horas —la oficina móvil de las mamás también cuenta. Estamos sentados cuando manejamos de regreso a casa, y para relajarnos vemos la televisión sentados. Nuestros hijos pasan muchas horas en una silla en el colegio, en un sillón viendo televisión, o derretidos en la cama usando aparatos electrónicos.

El cuerpo humano no está diseñado para el sedentarismo. Nuestros ancestros pasaban la mayor parte del día moviéndose, caminando, cazando, buscando agua, cuidando la tierra, pastoreando. Las labores requerían de más trabajo físico. En cambio hoy, podemos resolver muchas cosas haciendo *click* en todo tipo de aparatos electrónicos. Las lavadoras de ropa y los aparatos electrodomésticos han cambiado la manera en que cocinamos y limpiamos. Cada vez podemos hacer más tareas desde nuestro teléfono móvil: Ordenar comida, pagar cuentas, monitorear la seguridad de lugares y hasta enviarle, a través de una aplicación, un ecocardiograma al doctor. Todo esto hace que nuestra vida sea más fácil, cómoda y eficiente. Sin embargo, estamos eliminando oportunidades de movimiento y el costo es alto en términos de salud.

Tom Rath dice que estar sentado es la amenaza a la salud más subestimada de nuestros tiempos. Te comparto algunos datos escabrosos que presenta en su libro:

- Según estudios de la Clínica Mayo estar sentados es igual de peligroso para el corazón que fumar. Actualmente la inactividad mata a más personas que el cigarro.
- Estar sentado más de seis horas al día incrementa tu riesgo de morir joven.

- En cuanto te sientas, la actividad eléctrica de tus piernas se apaga, el número de calorías quemadas baja a una por minuto y la producción de enzimas que ayudan a disolver la grasa se reduce en 90%.
- Después de dos horas de estar sentado, tu colesterol bueno cae 20%, esto hace que el riesgo de una enfermedad cardiovascular aumente.
- Cuando estás sentado presionas células que hacen que el cuerpo produzca 50% más grasa. Sentarte por periodos largos de tiempo, literalmente, hace que te crezcan el abdomen y la cadera.
- Varios datos muestran que las personas que ven televisión más de cuatro horas al día tienen el doble de probabilidades de tener un evento cardiaco que los mate o los mande al hospital.
- Una persona que ve más de seis horas de televisión al día, tiende a vivir en promedio cinco años menos.

Impresionante… ¿No?

Pareciera que tenemos que incomodarnos un poco más para mejorar nuestra salud y felicidad, y hacer un esfuerzo deliberado para introducir movimientos naturales en nuestra rutina.

¿Qué podemos hacer? Cambios pequeños acumulados en el tiempo tienen la capacidad de transformar nuestras vidas. Estas son algunas ideas:

- Si tienes que trabajar muchas horas sentado, haz pausas. Toma agua para que al menos tengas que levantarte al baño.

- Pon una alarma en tu reloj que suene cada 20 minutos, y levántate a caminar alrededor de tu oficina, de tu silla o de tu sillón.
- Sé creativo y encuentra tiempo para caminar. Según estudios de la Clínica Mayo una caminata dinámica diaria de diez minutos puede disminuir a la mitad el riesgo de un ataque cardiaco.
- Reduce tu tiempo de ver televisión y dedícalo al ejercicio.
- Graba tus series o programas favoritos y ponles *play* mientras te mueves.
- Encuentra oportunidades para estar de pie, por ejemplo, toma las llamadas de teléfono parado o caminando en tu sala, cocina u oficina.
- Sube al cuarto de tus hijos para avisarles que ya está la cena, en lugar de enviarles un *WhatsApp*.
- Usa las escaleras en lugar del elevador y estaciónate lejos.
- Trabaja en tu jardín.
- Juega con tus hijos en el parque en vez de saludarlos sentado en una banca.

Organiza tu entorno de manera que tengas que moverte, en lugar de constituirlo para tu conveniencia. Si nos incomodamos un poco, podemos mejorar nuestro bienestar físico y emocional.

Un vistazo a tu interior: *¿Qué pequeño cambio vas a hacer hoy para moverte más?*

Alimentación

No importa qué tan sanos estemos hoy, todos los días podemos tomar decisiones específicas para tener una vida más larga, sana y feliz. Las pequeñas acciones repetidas en el tiempo tienen el potencial de mejorar o deteriorar nuestra calidad de vida física y emocional.

No sé a ti… pero a mí el mundo de las dietas me confunde. En ese universo de zonas, combinaciones, asteriscos, gluten, *superfoods* y calorías, yo me paralizo. Existen cientos de dietas diferentes y, para cada una de ellas podemos encontrar libros llenos de argumentos y evidencia sobre por qué esa dieta, en particular, es la buena.

¿Cuál es la mejor dieta? No sé… pero hay ciertas cosas que son universales. Estoy segura de que las donas, los refrescos, las papas fritas y los algodones de azúcar, por ejemplo, están fuera de todas ellas.

Llevar una dieta sana es una de las medidas preventivas más efectivas y baratas para tener buena salud. Comemos mucho más de lo que necesitamos, y comemos productos de mala calidad; con esto aumentamos el riesgo de padecer obesidad, enfermedades cardiacas, diabetes y cáncer.

Varios estudios epidemiológicos sugieren que las personas con obesidad son dos veces más propensas a desarrollar cáncer. Mantener un peso adecuado es, quizá, lo mejor que puedes hacer para minimizar el riesgo de ser víctima de esta enfermedad.

Pero ojo… hacer dietas agresivas puede ser un problema porque aparte de hacerte sentir el ser más miserable del planeta, muchas veces no sirven. La mayoría de las personas están tratando de perder peso y, sin embargo, dos de cada tres, tienen sobrepeso. Las dietas asumen un esfuerzo de corto plazo con fecha de terminación. Luego viene el efecto rebote —que te deja peor que como empezaste, pues además de los kilos extras, viene la cruda moral. Resulta más efectivo hacer cambios pequeños y llevarlos a cabo con constancia.

El desayuno es clave. Cuando arrancamos el día con el estómago vacío nuestro nivel de azúcar en la sangre decae, en respuesta el cerebro manda la señal de comer alimentos altos en contenido calórico de rápida absorción para estabilizarnos. Por esta razón se nos antojan las donas, los pasteles o los *frappuccinos* topados de crema batida. Una de las acciones más atinadas que podemos tomar para mejorar nuestra alimentación es desayunar todos los días incluyendo algo de proteína —reduce el hambre el resto del día.

Vivir por diseño y no por *default* es otra estrategia que funciona. Hay que diseñar nuestro entorno para que la opción sana sea la más fácil, eso nos quitará de encima el agobio que produce tomar decisiones o recurrir a la fuerza de voluntad. Aquí tienes varias ideas:

- Mantén la comida en la cocina o en un lugar donde tengas que pararte por ella.
- Poner la comida en el centro de la mesa, en lugar de servir cada plato en la cocina, hace que las mujeres coman 10% más y los hombres 29% más. Tener que levantarnos sirve como obstáculo para comer en exceso, especialmente si es una reunión social, porque da pena dar varias vueltas.
- Come en platos más pequeños —más parecidos al tamaño de tu mano que al tamaño de tu pie. Si tu plato es más grande, comes más. Así de fácil.

- «Fuera de tu vista, fuera de tu mente». Evita poner papas fritas y galletas en el estante que está al nivel de tu vista. En el lugar más accesible deben estar las opciones saludables.
- En lugares de paso pon frutas o nueces en lugar de dulces y galletas.
- Evita comer frente a la televisión. Un estudio en Harvard encontró que las personas comemos 167 calorías más cuando lo hacemos viendo televisión.

El azúcar es una toxina, además es combustible para padecimientos como la diabetes y las enfermedades cardiacas. También acelera el envejecimiento y la inflamación del cuerpo y facilita el desarrollo de tumores. El azúcar y sus derivados matan a más personas en Estados Unidos que la cocaína, la heroína y otras sustancias controladas, y es tan adictiva como el tabaco.

¿Sabes cuánta azúcar agregas a tu dieta cuando tomas un refresco? El equivalente a diez cucharadas soperas, ahora saca la cuenta si tú o tus hijos toman más de uno por día... Cambia los refrescos por agua. Cada mordida o cada trago es una decisión pequeña pero importante para nuestra salud. Haz ajustes pequeños en tu rutina y diseña tu entorno para el éxito.

Un vistazo a tu interior: *¿Qué acción te gustaría incorporar a tu rutina para mejorar tu alimentación?*

Dormir suficiente

La risa y el sueño son la mejor cura para cualquier cosa.

PROVERBIO IRLANDÉS

¿Sabías que dormir suficiente es clave para vivir más sano y más feliz?

Desde que estar muy ocupados y hacer mil cosas al mismo tiempo se ha puesto de moda... dormir se ve mal. El problema es que cuando sacrificamos horas de sueño para completar más actividades, ponemos en riesgo nuestro bienestar físico y emocional.

Muchos tomamos las horas de sueño como comodín, elementos flexibles que podemos quitar cuando necesitamos acomodar todo lo demás en nuestra agenda.

Si el día no es suficiente para cumplir con nuestras obligaciones, usamos la noche. Nos desvelamos o ponemos el despertador de madrugada para ganar tiempo. Esto es una mala idea porque cuando estamos cansados disminuye nuestra habilidad para notar los detalles positivos. La falta de sueño aminora la inteligencia emocional, deteriora la autoestima y, como consecuencia, nos hacemos menos asertivos. También reduce nuestra capacidad para sentir empatía, deteriora las relaciones interpersonales y nos vuelve impulsivos.

Nuestro cerebro interpreta la falta de sueño como una amenaza al sistema nervioso central, se pone en alerta máxima y escanea el entorno para detectar amenazas adicionales. Es como si el mundo se nos viniera encima cuando estamos cansados. Dormir poco provoca mal humor. Si notas que tus hijos o tu pareja están crónicamente irritables, explora si están durmiendo suficiente... puede ser que no. Lo mismo aplica para ti.

¿Te enfermas muy seguido o no logras bajar de peso? Es posible que estés durmiendo poco o mal. Nuestro sistema inmunológico es mucho más resistente y nos da menos hambre cuando descansamos suficiente por la noche.

La falta de sueño tiene costos importantes en términos de desempeño. En las empresas es motivo de orgullo anunciar que pasamos toda la noche trabajando, los *all-nighters* son sinónimo de compromiso y capacidad. Desafortunadamente, una hora menos de sueño no equivale a una hora de logros extras. Dentro de las organizaciones la falta de sueño crónico de los empleados es una de las principales causas de desgaste o *burnout*.

Un estudio encontró que perder 90 minutos de sueño reduce nuestro nivel de alerta durante el día en 33%. Si pensamos en todo lo que demanda nuestra atención, un tercio tiene consecuencias importantes. Todo cuesta más trabajo cuando tenemos sueño. El mismo correo electrónico puede redactarse en cinco minutos o en una hora, dependiendo del nivel de cansancio.

Hace tiempo leí un dato que me impresionó. Conducir cuando no dormimos o cuando dormimos muy poco es tan peligroso como manejar ebrio. Según algunas investigaciones dormir cuatro horas menos en una noche, produce el mismo deterioro en nuestras capacidades que tomar un *six-pack* de cerveza. En otras palabras: estar desvelado en el trabajo equivale a estar bajo los efectos del alcohol. ¿Te atreverías a llegar ebrio a la oficina? ¿Te parecería bien que tus empleados llegaran a trabajar en este estado? Creo que no. Entonces… ¿por qué sí aceptamos déficits de sueño?

Esto me hace pensar en los jóvenes porque con frecuencia noto a mis estudiantes cansados. Se les cierran los ojos, se derriten en el asiento, recargan la cabeza en sus brazos y uno que otro se queda dormido. La clase es a media mañana, el contenido es interesante y, hasta donde sé, la maestra no es letalmente aburrida. La falta de energía es notoria. Duermen menos de lo que necesitan. Si consideramos el dato anterior… es posible que nuestros hijos adolescentes estén manejando a clases en un estado equivalente al que produce el alcohol.

Los atletas de alto rendimiento, además de entrenar duro y comer bien, duermen al menos ocho horas cada noche. Roger Federer, LeBron James, Usain Bolt y Tom Brady, por ejemplo, duermen entre ocho y diez horas diarias. Para ellos, tan importante es el entrenamiento como la recuperación y el descanso.

Dormir suficiente y descansar es una inversión rentable en términos de nuestro bienestar físico y emocional. Estas son algunas ideas que podrías intentar para mejorar tu calidad de sueño:

- Duerme un poco más cada noche, hasta dormir de siete a ocho horas diarias.
- Mantén una temperatura fresca en tu habitación. Dormimos mejor en un ambiente frío que en uno caliente.
- Durante las noches elimina toda la luz que puedas de tu cuarto, por ejemplo, focos de aparatos eléctricos.
- No duermas con la televisión de fondo.
- Establece la «hora de desenchufe» antes de dormir —no electrónicos, no trabajo, sino más bien una actividad relajante.
- Cambia una hora de televisión por una de sueño.

- Utiliza «ruido blanco»[1] en la noche para bloquear el ruido exterior.
- Todos los días despierta a la misma hora para tener orden en tu reloj interior.
- Antes de irte a dormir, escribe todo lo que tienes que hacer al día siguiente.

Las empresas, las instituciones educativas, los ejecutivos, los papás y mamás, es decir, todos, debemos poner énfasis en la importancia de dormir suficiente para mejorar nuestra calidad de vida personal. Yo creo que es un desacierto promover o glorificar el dormir pocas horas. Somos más felices cuando descansamos y tenemos energía para hacer lo que tenemos que hacer.

Un vistazo a tu interior: *¿Cómo podrías agregar tiempo de sueño a tus noches?*

---

1. Ruido constante de fondo que puede ayudar a dormir o a concentrarse. Puede ser el sonido del mar, el ruido del avión, el sonido de la lluvia. Ahora existen muchos tipos de aplicaciones en el celular que permiten escuchar todo tipo de sonidos de fondo: pájaros, grillos, tormentas.

Ruta 3:
Gratitud

¿Notas lo bueno que hay en tu vida? La gratitud es una de las herramientas más poderosas y efectivas para aumentar nuestra sensación de bienestar, es mi favorita y también la de mis alumnos. De acuerdo a varios estudios científicos cultivarla consistentemente hace posible elevar nuestras emociones positivas hasta en un 25%.

Practicar la gratitud va más allá de decir gracias y consiste, más bien, en desarrollar un sentimiento profundo de agradecimiento con la vida. Tiene que ver con notar lo bueno que te pasa, lo que sí tienes, lo que sí puedes hacer y las personas que sí están contigo queriéndote, apoyándote y contribuyendo positivamente en tu vida. Ejercerla nos obliga a enfocarnos en el momento presente, a apreciar la vida como es hoy. Más que un acto aislado, es un estado mental, un hábito, una manera de vivir. La gratitud permite ver la vida a través de un lente de abundancia, en lugar de un lente de escasez.

Robert Emmons, profesor de Psicología de UC Davis en California, explica que la definición de gratitud tiene dos elementos: el primero es una afirmación de lo bueno y el segundo es una atribución.

Hacemos una afirmación de lo bueno cuando reflexionamos sobre nuestra vida en general o sobre los momentos cotidianos, y cuando reconocemos las cosas lindas que tenemos y que nos pasan. Esto no quiere decir que la vida sea perfecta o que no haya problemas y dificultades. Quiere decir que somos capaces de resaltar lo bueno. Tal Ben-Shahar dice que cuando notamos lo positivo, lo positivo crece. El secreto está en quitar el piloto automático, hacer pausas, observar y agradecer antes de seguir, es también no dar nada por sentado. Martin Seligman resalta la relación entre la capacidad de una persona para apreciar lo bueno en la vida, y el grado de satisfacción que tiene con su vida.

Viajamos en este tren de vida en el que todo tiene que ser grande, glamoroso, brilloso, monumental y espectacular si no, no vale. Nos han entrenado para pensar que una vida normal no tiene chiste. Sin embargo, son los pequeños detalles cotidianos, como dice Brené Brown, los que hacen una vida extraordinaria. Suelen ser los que más extrañamos cuando hacen falta o dejan de estar disponibles.

¿Cuáles son los pequeños detalles? Reírte hasta que te duela, enamorarte, darte un buen baño con agua caliente, tomarte un café al despertar, recibir un mensaje de nuestra mejor amiga, tener un sueño bonito, que nuestro hijo adolescente llegue de buen humor, percibir el olor de la tierra mojada… las risas de nuestros hijos, ser el primero en la fila del supermercado, una sorpresa…

Pequeños detalles son también esos que más hacen falta cuando ya no los tienes: La imagen de tu papá leyendo el periódico, las llamadas de teléfono de tu mamá, los abrazos apretados y los besos pegajosos de tus hijos cuando eran pequeños.

Los detalles simples son los que recordamos al final del día, pues hacen que nuestra vida sea única y especial. Mi papá siempre ha sido un ávido lector nocturno, lo menciono por lo siguiente: La casa en la que crecí tenía un pequeño cuarto de televisión en el centro de las tres recámaras. Cada noche, al acostarme, mi cuarto estaba completamente oscuro, excepto por una fina raya de luz que se colaba por debajo de la puerta. Esa luz era pura seguridad y tranquilidad para mí, significaba que mi papá estaba leyendo afuera y nada malo podía pasarme. Tenía un guardián. Todavía hay noches en que extraño esa raya de luz bajo mi puerta. También recuerdo, con nostalgia, despertar con el perfume de mi mamá. Ella iniciaba su día muy temprano, se alistaba para ir al trabajo, preparaba el desayuno y las loncheras para nosotros, todo eso antes de entrar a mi cuarto para avisarme que era hora de levantarme. Al entrar, dejaba impregnada mi recámara con el aroma de su perfume, y ese olor yo lo asociaba con mi despertar diario. Todavía no encuentro ningún tono en mi IPhone que huela a ella.

En ocasiones la gratitud también está en darte cuenta de lo que no sucedió, de lo que te salvaste, de lo que casi pasó pero no pasó: Que la pila de reloj que se tragó tu hija de cuatro años no se abriera dentro de su estómago, que no transitara ningún carro cuando la niña de seis años salió corriendo y cruzó la calle sin fijarse, que no te haya ocurrido nada cuando chocaste y tu auto fue declarado como pérdida total.

El segundo elemento en la definición de gratitud es una atribución que consiste en descubrir el origen de las cosas buenas que tienes y que te pasan. Si te preguntas: ¿De dónde vienen?, ¿por qué estoy dónde estoy?, en la gran mayoría de los casos encontrarás que detrás de cada una de tus bendiciones están las acciones de otras personas. Practicar la gratitud también consiste en agradecer lo que otros hacen o han hecho por ti, lo chico y lo grande. Una palabra de aliento, un consejo, un contacto que se abre como una oportunidad, una carta de recomendación, un hombro donde llorar, alguien que te prepara la comida mientras te recuperas de alguna condición médica. Incluso viene de percibir lo bueno que pasa en tu vida, no necesariamente merecido o ganado por ti mismo, sino que es en realidad producto de lo que otras personas te han dado o te dan. Implica un reconocimiento de que no podríamos ser quienes somos, o estar donde estamos en la vida, sin las contribuciones de los demás.

La gratitud es buena para tu felicidad

Practicar la gratitud tiene beneficios físicos, psicológicos y sociales.

Según varias investigaciones, las personas que practican consistentemente la gratitud tienen más emociones positivas, se sienten más alertas, despiertas y optimistas, experimentan más alegría, placer y felicidad. ¿Cómo es esto?

Desarrollar la capacidad de sentir un agradecimiento profundo con la vida, fortalece nuestro sistema inmunológico, reduce la sensación de dolor físico crónico y controla la presión arterial. Las personas que practican la gratitud tienden a hacer más ejercicio y a cuidar mejor su salud.

La gratitud mejora la percepción que tenemos de nosotros mismos, cuando la cultivamos, notamos lo que otras personas hacen o han hecho por nosotros. Apreciamos la red de apoyo que tenemos, y esto nos hace sentir queridos, acompañados y valorados. Además, revaluamos nuestra autoimagen.

La gratitud es un antídoto contra las emociones difíciles como la envidia, el resentimiento y el arrepentimiento. No podemos experimentar dos emociones a la vez, por ejemplo: No es posible sentir envidia y gratitud hacia una misma persona, al mismo tiempo. Cuando apreciamos lo que nosotros tenemos, las comparaciones sociales pierden relevancia y lo que tienen los demás pierde peso. El riesgo a desarrollar desórdenes psicológicos como depresión, ansiedad y abuso de sustancias, es menor entre la gente que es agradecida.

En situaciones difíciles la gratitud nos hace más resistentes al estrés. Varios estudios muestran que las personas que la practican en situaciones adversas, se recuperan más rápido, pues son más resilientes. También nos permite notar lo que pudo haber pasado pero no pasó y reinterpretar de manera más positiva una experiencia negativa o estresante. Por ejemplo: *Tuvimos un accidente y el auto fue pérdida total pero nosotros estamos bien.* Ser agradecidos nos protege contra el estrés postraumático o ansiedad prolongada. Cultivar consistentemente una actitud de gratitud construye una especie de sistema inmune psicológico que nos sirve de amortiguador cuando caemos.

Practicar la gratitud nos permite gozar mejor el momento presente. Los estudios relacionados con las emociones muestran que, las positivas, tienen un efecto de corta duración. A las personas nos gustan las novedades, y muy rápido nos acostumbramos a todo —a los zapatos nuevos, la casa, el reloj— y más pronto que tarde, dejamos de apreciarlas, las damos por hecho. Cuando ejercemos la gratitud nos damos cuenta del valor de lo que tenemos —los pequeños detalles y los que consideramos más importantes. Cuando notamos lo positivo, celebramos la vida y participamos más activamente en ella. Saborear los pequeños detalles de la existencia nos permite extraer la máxima satisfacción posible y disfrutar de nuestras circunstancias actuales. Cuando lo logramos, reducimos nuestro riesgo de ser víctimas de la nostalgia por pasar mucho tiempo pensando en el pasado, o de la ansiedad, que ocasiona habitar en el futuro.

Practicar la gratitud también tiene beneficios sociales. Las personas que tienen este hábito son más serviciales, generosas y compasivas, perdonan con más facilidad y se sienten menos solas o aisladas. En tu vida, fomenta la generosidad y el comportamiento moral, ya que cuando notamos lo que otros hacen por nosotros, sentimos el deseo de corresponder.

La gratitud ayuda a fortalecer nuestros lazos sociales, a apreciar lo que otros hacen por nosotros y a reconocer la manera en cómo contribuyen a nuestra vida, fomenta una sensación de conexión y cercanía. Nos volvemos conscientes del valor que tienen nuestros amigos y seres queridos, y tendemos a tratarlos mejor produciendo una espiral positiva pues nuestros vínculos se fortalecen.

Gratitud sobre ruedas

¿Cómo hacemos para incorporar la gratitud a nuestra vida? O, ¿cómo activamos la felicidad del día a través de la gratitud?

Necesitamos enseñar a nuestro cerebro a notar lo positivo, las cosas buenas que tenemos, y todo lo que los demás hacen por nosotros. Para esto existen ejercicios simples y efectivos.

Apreciando lo positivo

Ejercicio: Diario de gratitud

Si te gusta escribir, puedes comenzar un diario de gratitud. Ten a la mano una libreta pequeña, y cada noche, antes de dormir, anota algo de lo que te sientas agradecido: Familia, experiencias, aprendizajes, encuentros, amigos, eventos…

Esta práctica nos obliga a enfocar nuestra atención en lo bueno de nuestras vidas, a desarrollar un pensamiento más positivo, y a evitar dar las cosas por sentado. Cuando escribimos volvemos a vivir, y las emociones positivas regresan junto con los recuerdos.

Este diario también sirve para esos días en que piensas que nada te sale bien o que el mundo te persigue. Regresa a tu diario y encontrarás la evidencia: Tu vida no es desastrosa, solo estás teniendo un mal día.

Ejercicio: La caja de la gratitud (para niños)

Puedes practicar la gratitud con tus hijos y convertirla en un hábito para la vida creando «la caja de las cosas buenas» o «mi caja de bendiciones». Tres veces por semana pídele a tu hijo que recuerde y escriba en una hoja algo por lo que se sienta agradecido o feliz —puede ser un logro, algo que aprendió, un cumplido. Posteriormente, una vez al mes, elijan un momento para leer todas las cosas buenas que le han pasado, y hagan algo divertido en familia para celebrar.

Ejercicio: Tres cosas buenas

Para entrenar a tu cerebro a notar lo positivo de tus días, o de tu vida en general, realiza el ejercicio «Tres cosas buenas». Cada noche, antes de dormir, cuenta tus bendiciones. Piensa en tres cosas que te hicieron sentir bien, algo que hayas disfrutado, el motivo de haber reído plenamente, un aprendizaje significativo o algo que te dejó inspirado. Por ejemplo: *Mi hijo adolescente llegó temprano de la fiesta, recibí la llamada de una amiga, mi familia está completa, terminé mi trabajo.* Este ejercicio también lo puedes hacer con tu familia, alrededor de la mesa, antes de comer, o mientras esperas que el semáforo cambie de luz roja a verde.

Ejercicio: Tres cosas buenas con los hijos

Es importante que ayudemos a nuestros hijos a encontrar la felicidad en los pequeños detalles de cada día. Somos campeones para resaltar los peligros potenciales, corregir comportamientos —*mastica con la boca cerrada, siéntate derecho, deja de brincar, tu cuarto está sucio*— pero no somos tan buenos cuando se trata de apreciar todo lo que hacen bien. Fallamos en notar los avances, lo que sí tenemos, lo que sí podemos hacer, y en pensar en toda la gente que sí nos quiere, que se preocupa por nosotros y que hace que nuestras vidas sean más fáciles.

Con este ejercicio de las «tres cosas buenas» enseñamos a nuestros hijos a resaltar los pequeños y cotidianos detalles que harán de su vida una experiencia maravillosa.

Antes de dormir, pídele a tus hijos que cuenten tres cosas buenas que hayan vivido en su día. Por ejemplo: Algo divertido que los haya hecho reír, algo que hayan aprendido, algo que los haya hecho sentirse queridos, algún logro en el colegio o en los deportes, un comentario lindo de la maestra, la sonrisa de un amigo, un buen tiro a gol durante la práctica, o encontrar su fruta favorita en la lonchera.

Las cosas buenas también pueden ser grandes e importantes: pertenecer a una familia, estar sano, tener una cama caliente para dormir en las noches, tener una bicicleta, recibir un regalo. Pregúntale a tus hijos cómo se sintieron en estos momentos y también comparte con ellos tus tres cosas buenas, pueden ser: *Dormí muy bien y me siento descansada para jugar contigo.* O, *Me siento agradecida porque puedo estar hablando contigo en este momento y puedo abrazarte y olerte.* Aprovecha esta oportunidad para resaltar hechos o personas que pueden pasar desapercibidas fácilmente, por ejemplo, mencionar a la señora que ayuda en la casa y la mantiene limpia y bonita.

Ejercicio: El mejor momento del día

Antes de dormir escribe cuál fue el mejor momento de tu día. Conviértete en un buscador de beneficios y descubrirás algo interesante: Cuando sabes que tienes que escribir esto en la noche comenzarás a navegar por tu día, buscando momentos para seleccionar el mejor.

Ejercicio: Pizarrón de la gratitud en la oficina

El trabajo es uno de los lugares donde menos expresamos gratitud. La mayoría de nosotros somos muy buenos para quejarnos. Cuando alguien no cumple con las expectativas se lo hacemos saber, incluso le decimos a su jefe. Sin embargo, tendemos a dar por sentado cuando las cosas salen bien.

En las empresas existe una epidemia que se llama Síndrome de Déficit de Gratitud. Según estudios realizados por la investigadora Lea Waters, en Estados Unidos, el 64% de las personas que están pensando en cambiar de trabajo, mencionan que una de las razones por las que quieren irse es porque se sienten poco apreciados, y consideran que su trabajo no es valorado.

Trabajar es una obligación o una necesidad, y nos pagan por hacerlo, dar gracias no es necesario. Gran error. Para los empleados es necesario sentir que su trabajo es importante y contribuye a la organización. Practicar la gratitud puede incrementar la satisfacción en el ámbito laboral y aumentar el desempeño de las personas y de los equipos de trabajo.

¿Cómo practicar la gratitud en el trabajo?

Resaltar lo positivo es muy importante. Pon un pizarrón o un pedazo de corcho en un espacio notorio, puede ser en la sala de juntas, junto a la cafetera o en alguna pared visible. Asegúrate de tener marcadores y *Post-it* disponibles. Escribe algo bueno que haya sucedido en tu trabajo, por ejemplo: Avances en algún proyecto, completar una meta, una solución, una buena aportación de alguien en tu equipo.

Siempre hay que agradecer personalmente las aportaciones de los demás. Ejercer la gratitud requiere de un cambio de enfoque y la intención de ponerla en práctica. Las acciones son sencillas pero muy efectivas, hay que comenzar las juntas o reuniones destacando lo positivo, resaltando los avances, señalando las buenas decisiones y dar las gracias por la colaboración. Agradecer a las personas que trabajan con nosotros por una buena idea, un buen consejo, por ayudarnos a sacar adelante un proyecto. Puede ser por teléfono, correo electrónico, mensaje de texto o *WhatsApp*. Es importante reconocer a los empleados que con su trabajo hacen que el nuestro brille, y hacer parte de las celebraciones a los asistentes, encargados de limpieza, etc. ¡Hay que dar crédito a quien lo merece!

Ejercicio: Álbum fotográfico de gratitud

Si te gusta tomar fotos, puedes hacer un álbum fotográfico de gratitud. Busca elementos a tu alrededor o momentos que aprecies durante tu día: Tus hijos, tus padres, tu mascota, una comida deliciosa, un cielo azul, la sonrisa de alguien querido, un pasatiempo, una flor, una taza de café, tu cama, tus zapatos cómodos, etc. Toma fotos con tu teléfono celular, colecciona imágenes de cosas agradables y visítalas de nuevo cuando estés de mal humor o con el ánimo caído. Recorrerlas te ayudará a recordar lo positivo en tu vida.

Este ejercicio es más poderoso cuando lo compartes con alguien, puedes unirte a un grupo de *Facebook*, *Instragram* o crear un grupo con tus amigos en *WhatsApp* y utilizar este espacio para practicar la gratitud compartiendo sus imágenes.

Agradecer

La gratitud tiene que ver con reconocer que mucho de lo bueno en nuestras vidas es producto de las acciones de alguien más: un consejo, una enseñanza, una conexión con otra persona, un gesto amable con tu familia, apoyo en un momento difícil.

Dar las gracias personalmente tiene un efecto positivo en ti, y en el individuo que recibe tu gesto de gratitud. Walter

Green describe en su libro *This is the moment,* el poderoso efecto de agradecer en persona. Además, nos invita a hacerlo **ahora**, mientras las personas están todavía aquí.

La ciencia muestra que el simple hecho de escribir una nota de agradecimiento eleva nuestra sensación de bienestar. Haz una lista de personas que han hecho o hacen una diferencia importante en tu vida, a las que sientas que tienes algo que agradecerles. Quizás puede ser tu mamá, tu papá, tu primo o prima favorita, un amigo de hoy o de antes. Tal vez un entrenador, un maestro(a) que haya hecho una diferencia en ti. A lo mejor es alguien que ya no está. También puede ser alguien que hace tu vida más fácil, aunque no sea cercana: Alguien que limpia la escuela, que ayuda en tu casa, que siempre te sonríe en el camino.

Ejercicio: Carta de agradecimiento

Escribe una carta de agradecimiento a la persona que te ayuda y describe detalladamente cómo lo que hace por ti hace una diferencia en tu vida y, por supuesto, busca la manera de entregársela. Puedes hacer una cita para leerle en vivo y en directo lo que escribiste, puedes llamarla por teléfono, enviarle un correo o entregar la carta misma. Si ya no está contigo, lee la carta en voz alta, y haz alguna acción simbólica. Te sentirás mucho más feliz y en paz.

Ayuda a tus hijos para que aprecien a las personas que contribuyen para que sus vidas sean más fáciles. Por ejemplo: el chofer del camión del colegio, la señora que limpia la casa, sus maestros, amigos, padres, abuelos, mascotas… Anímalos a escribir una nota breve de agradecimiento o un dibujo, si es que alguno es pequeño y todavía no sabe escribir.

Cuando practicar la gratitud es cuesta arriba

Sentir gratitud y felicidad es fácil cuando todo va bien, es algo así como ser mamá. Lindo y gratificante si tu criatura, cuando la dejas en el colegio, se despide de ti con un beso tronado, un abrazo apretado y un *te quiero mucho*. Pero no tanto, cuando se baja del carro aventando la puerta y gritando a todo pulmón que *eres la peor mamá del mundo* por decirle que no puede tener un caballo en su recámara, aunque técnicamente sí quepa.

¿Cómo sentir gratitud si una de tus personas favoritas tiene una enfermedad crónica o terminal? ¿Cómo sentir gratitud después de un accidente, un secuestro o luego de perder el trabajo? ¿Cómo sentir felicidad si tu hijo adolescente tiene un problema de adicción? ¿O cuando alguien querido muere? ¿Qué hacer con los conflictos y las rupturas familiares? ¿Cuando el dinero no alcanza? ¿Cómo ver el lado positivo si tienes depresión y ansiedad? ¿Y qué cuando sucede todo al mismo tiempo?

Hay una diferencia importante entre sentir y practicar la gratitud. En los días pesados y en las épocas más espinosas es difícil sentirla, pero es, en ese momento, cuando es más necesario practicarla. En tiempos de desastre una actitud de gratitud no solo ayuda, sino que es esencial. Robert Emmons explica que es una decisión, una actitud que resiste el flujo de las altas y bajas en la vida. Es una perspectiva desde la cual podemos ver la vida en su totalidad, y no sentirnos abrumados por circunstancias temporales.

La gratitud no hace que los problemas o las amenazas desaparezcan. Puede ser que perdamos el trabajo, nos asalten en la calle, nos enfermemos o que muera gente querida. ¿Qué hacer entonces para practicarla ante eventos o temporadas difíciles? Existen muchos ejercicios sencillos y efectivos.

Acuérdate de lo malo. Piensa en los peores momentos de tu vida, eventos traumáticos, pérdidas, enfermedades, etc. Ahora date cuenta que ya NO estás ahí, esto quiere decir que lo superaste. Lograste recuperarte de la muerte de tu madre o de tu hija, saliste adelante después de tu divorcio, abandonaste una relación abusiva, encontraste otro trabajo y pagaste tus deudas. Hoy estás aquí.

Piensa en algo sencillo. Si estás de mal humor, triste, o tienes dolor físico crónico y te cuesta trabajo sentir gratitud, tómate un momento para mirar a tu alrededor. Encuentra una o dos cosas que te hagan sentir bien con respecto a la vida que tienes, por ejemplo: un colibrí afuera de la ventana, un mensaje de texto cariñoso, una comida rica, una foto de un viaje o las papas que están creciendo en tu jardinera. Notar los pequeños detalles fomenta la sensación de gratitud.

Recurre a la básica. Mis estudiantes y yo empezamos cada clase escribiendo tres cosas buenas que nos hayan pasado en los últimos días, y compartimos una con el resto del grupo. A veces sucede que alguien se queda pensativo mirando el papel y lo deja en blanco. Cuando llega su turno dice algo parecido a: *Todo me ha salido mal, no puedo pensar en nada bueno.* Se vale, hay días o cadenas de días que preferiríamos brincarnos. Cuando esto pasa recurrimos a la básica: juntos jalamos aire, inhalamos y exhalamos profundamente una vez. ¿Qué significa esto? Quiere decir que estamos vivos y que estamos juntos. La básica —respirar— te ayuda a recordar que estás aquí, que tienes este momento. Y esto ya es un motivo para sentirte agradecido.

Piensa en pérdidas o en la muerte. Araceli Frías y sus colegas del Departamento de Psicología de la Universidad de Washington, pidieron a un grupo de participantes que visualizaran su propia muerte. Con esta acción su nivel de gratitud aumentó por la vida que llevaban en el presente. También es útil pensar e imaginar en cómo sería tu vida si no estuviera tu pareja, si no tuvieras tu trabajo, si no estuvieras sano, si no hubieras tenido esta oportunidad. El ejercicio de «extracción» puede servir para renovar nuestra satisfacción por nuestras condiciones actuales de vida.

Ruta 4:

Generosidad

La generosidad es el único egoísmo legítimo.

MARIO BENEDETTI

Una persona muy generosa y querida para mí, con frecuencia citaba la frase de Mario Benedetti, y luego agregaba: *Es imposible no sentirte bien y feliz luego de ayudar a alguien.* Siempre tuvo razón.

La generosidad y la felicidad van de la mano. Cuando la practicamos, contribuimos positivamente en la vida de alguien más, por lo tanto, nuestra sensación de bienestar aumenta.

Una parte importante de las cosas buenas que me han pasado profesionalmente tienen su origen en la generosidad de una persona. Un pequeño detalle de su parte hizo toda la diferencia para mí, pues gracias a él pude estudiar la maestría. Su gesto de generosidad consistió en atenderme durante su hora de comida, aunque él no tuviera nada que ver con el proceso de asignación de becas. Ese día se me había hecho tarde por el tráfico en la carretera, y cuando llegué a las oficinas del Conacyt, justo habían cerrado. Desde su escritorio, ubicado en el fondo del salón, me hizo señas para que entrara —yo creo que se compadeció de mi cara de angustia—, escuchó mi historia mientras mordía su sándwich y me dijo: *Yo no tengo nada que ver con la asignación de becas, pero explica en esta hoja lo que me estás contando, y yo se la doy a la persona que venías a ver.* Me dio una hoja blanca y una pluma Bic azul. Ahí, sin mucha esperanza, escribí lo que necesitaba y me fui pensando que se me había escapado la oportunidad de estudiar fuera de México. Un par de semanas después recibí una llamada en la que me avisaban que me habían otorgado la beca. Qué fue esto: Una cadena de pequeños actos de generosidad.

Empatía, compasión y generosidad

Desde hace años existe un deseo de la ciencia por entender qué nos motiva o nos mueve para ayudar a los demás, ¿por qué de manera rutinaria hacemos trabajo voluntario o donamos dinero o ayudamos a un extraño? Una de las razones puede ser la empatía, uno de los mecanismos que traemos «cableado de fábrica» para conectar con las demás personas.

La empatía es la habilidad para sentir y ponernos en los zapatos de otros. Entendemos qué siente una persona e incluso podemos mostrar las mismas emociones, pero esto no necesariamente viene acompañado del deseo o la acción de ayudar. Podemos ver a una mujer con un bebé pidiendo dinero en la calle durante una tarde fría, e identificar su desesperación y cansancio, sin hacer nada más al respecto. Simplemente, seguimos nuestro camino.

Para entender la propensión de los seres humanos a la generosidad es importante comprender el concepto de compasión que es, quizás, el catalizador más importante de la generosidad.

La compasión va más allá de la empatía, es un sentimiento que surge cuando vemos a una persona que la está pasando mal, y nace en nosotros un impulso o deseo genuino de ayudar, aliviar su situación, o mejorar su bienestar. La compasión es empatía + acción. Al ver a la mujer con su bebé pidiendo dinero en una tarde fría, quizá nos mueva el deseo de comprar algo caliente de comer para ellos.

Con frecuencia confundimos el concepto de compasión con lástima, y los tomamos como sinónimos. Son totalmente diferentes. La lástima aparece cuando nos sentimos mal por el desconsuelo o mala fortuna de alguien más desde una sensación o posición de superioridad, viendo hacia abajo a la persona que sufre.

La lástima incluye la creencia de que la persona que sufre es inferior a nosotros, cuando ayudamos por este sentimiento incluso podemos empeorar su situación, ya que podemos provocarle emociones difíciles.

¿Qué es la generosidad? Es un acto que se traduce en un beneficio para alguien más y que genera un costo o un sacrificio para ti. Por ejemplo: Prestarle tu auto a un amigo, cuidar a los hijos de tu hermana cuando está enferma o sale de viaje... La generosidad tiene un componente pro-social que puede ser motivado por un sentimiento de compasión que surge cuando vemos a alguien sufriendo y queremos ayudar. Pero también puede originarse por otras fuentes, por ejemplo, una sensación de gratitud o el deseo de mejorar nuestra reputación e imagen personal.

Generosidad y felicidad

Practicar la generosidad tiene muchos beneficios y nos induce a un estado emocional positivo, ser generoso literalmente se siente bien. Cuando ayudamos a otra persona se activa en nuestro cerebro la misma zona que cuando hacemos algo para nosotros mismos. Por ejemplo: comprar ese objeto que hace tiempo queríamos, comer nuestro chocolate favorito, o recibir un beso de alguien importante para nosotros. Nuestro cerebro asocia los actos de generosidad con placer, conexión y confianza.

Cuando realizamos un acto de bondad nuestro cerebro libera serotonina, dopamina y oxitocina, hormonas que producen una subida en nuestro nivel de energía o euforia «*helper's high*»[2].

La oxitocina es una hormona que reduce la sensación de miedo, ansiedad y estrés. Y al mismo tiempo aumenta nuestra percepción de confianza, calma, seguridad y conexión. A nivel biológico mejora la digestión, reduce la inflamación, baja la presión arterial y acelera el proceso de sanar. La oxitocina es el mismo químico que se libera cuando estamos enamorados o tenemos sexo.

¿Por qué reaccionan así nuestros cuerpos? Este proceso está relacionado con la evolución. La generosidad era una habilidad esencial para la supervivencia humana: Nuestros ancestros vivían en condiciones críticas, ya que estaban amenazados continuamente por depredadores, hambre y fenómenos naturales. Sobrevivieron aquellos que aprendieron a man-

---

2. Ayudar a otros produce una sensación de euforia.

tenerse unidos y a cooperar con otras tribus. Stefan Klein explica que las características sociales como el amor, la generosidad, la compasión y la gratitud, mantenían unidos a grupos de personas y reducían la probabilidad de conflictos por los recursos disponibles.

Practicar la generosidad mejora la percepción que tenemos de nosotros mismos. Cuando ayudamos a otros, nos sentimos útiles y crece nuestra confianza con respecto a lo que sabemos y podemos hacer. *Aquí hay algo que yo puedo hacer para mejorar mi alrededor.*

Practicar la generosidad da sentido a nuestras vidas. Cuando nos comprometemos específicamente con una causa para ayudar a otros, se eleva nuestra sensación de propósito y sentido de vida, que son elementos esenciales para tener una vida feliz.

La generosidad nos permite distraernos de nuestros problemas y quita el énfasis en nosotros mismos. Uno de los obstáculos más comunes para ser feliz es lo que lo psicólogos llaman «rumiar», que es el proceso de darle vueltas y vueltas en la cabeza a nuestros problemas y pensar en todos los posibles escenarios de lo que nos preocupa. Este hábito afecta negativamente nuestro estado de ánimo, nuestra motivación, concentración y confianza. Una manera de romper con este círculo es dejar de ser el centro de nuestra atención y ponerla en los demás. Así, cambiamos el «yo» por el «nosotros».

La generosidad te hace más atractivo para los demás. Los resultados de un estudio que se hizo con 10,047 jóvenes entre 20 y 25 años de edad en 33 países diferentes, mostraron que, en todas las culturas sin excepción, la generosidad es el atributo número uno que hombres y mujeres prefieren en su pareja, más allá del aspecto físico y las perspectivas financieras.

Practicar la generosidad te hace más feliz. Un estudio realizado por Sonja Lyubomirsky, mostró que esta cualidad produce felicidad. A los participantes de un experimento les pidieron que realizaran cinco actos de bondad, un día específico a la semana, durante diez semanas consecutivas. Quienes los hicieron acrecentaron su nivel de felicidad. Otro estudio de más de 3000 personas encontró que el 95% de los individuos se sintieron bien después de ayudar a alguien. Ayudar a otras personas aumenta la felicidad y el optimismo, y el estado de ánimo dura horas o hasta días. A este fenómeno se le conoce como «*helper's high* [3]».

La generosidad mejora nuestras relaciones interpersonales con amigos y familiares. Ser generosos con las personas fuera de nuestro círculo cercano, nos hace sentir más conectados con nuestra comunidad.

La generosidad puede comenzar una cascada de consecuencias sociales positivas. Ayudar a los demás facilita que las personas te aprecien, quieran, estén agradecidas contigo y se sientan impulsadas a corresponderte en tiempos difíciles.

---

3. Estado emocional positivo experimentado tras ayudar a otros.

Cada acto de ayuda puede parecer pequeño, pero cambia la manera en que nos vemos a nosotros mismos, vemos a los demás y transformamos la forma en la que los demás nos ven a nosotros.

Ser generosos nos protege contra emociones negativas y mejora nuestra capacidad para hacer frente a las adversidades. Varios estudios han mostrado que las personas que hacen trabajo voluntario tienen menos propensión a la depresión. También se ha demostrado que los niños y adolescentes que crecen en ambientes donde se practica la generosidad, tienen menos embarazos no deseados, son menos propensos a abusar de sustancias como drogas o alcohol, y tienen menos índices de suicidio.

Un vistazo a tu interior: *¿Cuándo fue la última vez que ayudaste a alguien y cómo te sentiste?*

Generosidad sobre ruedas

¿Cómo podemos practicar la generosidad?

Para ser generosos no necesariamente tenemos que regalar o donar dinero, podemos serlo con nuestro tiempo, presencia y atención, con nuestras palabras, conocimientos, con nuestra mirada y sonrisa. No tenemos que ir hasta África para ayudar a los enfermos de ébola. Recuerda que estamos rodeados de oportunidades para contribuir en pequeño, ayuda desde donde estés, en el momento que estás, con los recursos que tienes y con la gente a tu alrededor.

A las personas con quienes coincides, bríndales un micro momento de amor, compasión o calidez. Pueden ser extraños o personas cercanas: Vecinos, cartero, gente que haga el aseo en cualquier lugar, guardia de la entrada, hijos, padres... Conecta con un saludo, con una sonrisa, con un gesto que transmita que sabes que están ahí. Maya Angelou, poeta estadounidense, dice que: *Las personas olvidarán lo que dijiste y lo que hiciste, pero nunca olvidarán cómo las hiciste sentir.*

Atiende las cosas simples. Las oportunidades para ayudar y hacer una pequeña diferencia existen por doquier, lo único que tenemos que hacer es desconectar el piloto automático y levantar la vista. Puedes acompañar a un amigo al doctor, ceder el paso cuando manejas, acercarte a preguntarle a alguien cómo está, darle de comer a un animal callejero, recoger el papel de basura tirado en el parque, saludar...

A nuestros hijos pequeños podemos señalarles pequeñas ventanas de oportunidad y motivarlos a hacer una pequeña diferencia. Por ejemplo: Saludar a la persona que llena las bolsas en la tienda, jugar con la mascota de algún vecino que no tenga tiempo de hacerlo, abrir la puerta, llamar por teléfono al abuelo que pasa mucho tiempo solo. En la oficina también puedes ayudar: comparte lo que sabes, habla bien de un colega con su jefe, di un cumplido por una tarea bien hecha.

Cuando realizas un acto de generosidad inicias una cadena de cosas buenas, ya que promueves que la persona que lo recibe, a su vez, ayude a alguien más. Hay un dicho anónimo que dice: *Es difícil regalar la generosidad porque siempre regresa.*

Ejercicio: Cinco actos de generosidad

Define un día a la semana para hacer cinco actos de generosidad, todos los podemos hacer. Por ejemplo: Prepara la comida para la familia. Elige hacer cosas que normalmente no haces, el impacto es más poderoso cuando hacemos cosas que salen de nuestra rutina. Para maximizar el efecto escoge cinco cosas diferentes cada vez, y tómate unos minutos para escribir qué hiciste y cómo te sentiste.

Cuando practicar la generosidad es cuesta arriba

La generosidad es una de las vías rápidas para llegar a la felicidad. Físicamente se siente bien, nuestra autopercepción mejora y da sentido a nuestras vidas. Sin embargo, practicarla no siempre es fácil, encontramos trabas. Dar en exceso puede meternos en aprietos, y ayudar por obligación, potencialmente puede ocasionar resentimiento.

¿Cuáles son algunos de los obstáculos que nos frenan ante la oportunidad de ayudar a los demás?

Algunas veces nos detiene el miedo. Detectamos una oportunidad para ayudar a una persona, pero dudamos en acercarnos por temor a ofenderla o incomodarla. ¿Necesita ayuda o no? ¿Desconfiará de mis intenciones? Una vez, como parte de un ejercicio de generosidad, mis alumnos decidieron regalar globos y paletas a niños en un parque. Su experiencia fue interesante: Algunas mamás aceptaron contentas y agradecieron el detalle para con sus hijos; en cambio, otras mostraron desconfianza y prefirieron rechazarlo, haciendo sentir «raros» a mis estudiantes. A veces evitamos ofrecer ayuda para no quedar en una situación penosa.

Otras veces preferimos no ayudar para evitar que se aprovechen de nosotros. Creo que todos conocemos a alguien que está siempre listo para recibir favores pero no para devolverlos; una de esas personas que le hacen honor al dicho: *Les das una mano y te agarran el brazo.* También están quienes nos buscan solamente cuando tienen un problema o atraviesan por una crisis, pero cuando están bien, se olvidan de nosotros. Este tipo de gente puede hacernos desconfiar del resto de la humanidad cuando se trata de ofrecer ayuda.

Podemos rechazar la generosidad cuando nos toca recibirla, porque reconocer que la necesitamos puede golpear nuestro orgullo ya que no queremos mostrarnos vulnerables. Por otra parte, practicarla con nosotros mismos o la autocompasión, con frecuencia y equivocadamente, es considerado una señal de debilidad y mediocridad, así que mejor nos hacemos los rudos, y nos autocastigamos.

Los ejemplos anteriores están relacionados con obstáculos que pueden interferir en nuestra voluntad para ayudar o recibir ayuda, pero practicar la generosidad también puede ser un problema cuando hacerlo se convierte en una obligación. Algunas veces damos desbordadamente, o lo hacemos por las razones equivocadas.

Practicar la generosidad brinda felicidad, hasta que empieza a sentirse como una carga que no podemos soltar... ¿Te quedas fuera de todos los planes porque el resto de la familia asume que tú cuidarás del enfermo? ¿Automáticamente te caen miradas encima cuando algo se necesita? Cuando en la familia, en el trabajo o en la escuela, estamos en la posición de «*ayudador designado*», sin importar de qué se trata, elevamos nuestras posibilidades de germinar resentimiento y coraje.

Estar en una posición que requiere de ayudar a otros puede ser abrumador y desgastante. Esto es especialmente cierto para las mujeres y las personas que, por su profesión u oficio, asisten a otros: enfermeros, rehabilitadores, madres de familia, etc. Descuidan sus propias necesidades, dejan su bienestar en último lugar e incrementan el riesgo de experimentar depresión y fatiga crónica.

Cuando nos excedemos ayudando a los demás también puede ser contraproducente, pues reduce nuestra sensación de felicidad y bienestar. Existe una diferencia fundamental entre generosidad y dar desbordadamente y esta se basa en nuestras verdaderas intenciones.

La auténtica generosidad parte de un corazón pleno y desinteresado, se siente bien y es ligera. Implica que las necesidades personales están satisfechas, y que sobra energía positiva para dedicarla a los demás.

En cambio, dar sin medida no es un acto desinteresado, y viene de una falta de capacidad para recibir o pedir lo que necesitamos. Por lo general, las personas que ayudan de manera compulsiva, lo hacen desde un corazón vacío y están esperando ser festejadas, recibir atención, mejorar su imagen o ser amadas incondicionalmente para siempre. Al sacrificar sus propias necesidades, muy seguido terminan el día sintiéndose exhaustas.

¿Has oído la frase: *Es mejor dar que recibir?* Me parece que, tratando de vivir bajo esta creencia, muchas personas terminamos batallando para cuidar de nosotras mismas. Hemos crecido escuchando que para ser una buena amiga, esposa, hijo, colega, vecino, tenemos que dar sin reparo. Incluso, cuando estamos cansados, no tenemos tiempo, dinero o ganas. Cuando damos sin límite, y sin recibir apoyo, acabamos psicológica, física y espiritualmente drenados, es decir, en bancarrota personal.

¿Cómo saber si estás *sobre* ayudando? Quizá te identifiques con los siguientes ejemplos o situaciones:

- Pagas la cuenta siempre que sales con tus amigos o familiares.
- Pides postre, pero comes solo una cucharada porque lo repartes.
- Haces el trabajo extra porque invariablemente levantas la mano.
- Estás siempre retrasado en tus deberes porque dedicas tu tiempo a resolver los de alguien más.
- Dices que sí cuando en realidad quieres decir que no.
- Estás disponible el 100% del tiempo para quien sea.
- Das mucho más en tus relaciones personales porque te hace sentir importante.
- Te sientes culpable cuando alguien hace algo por ti: *Soy débil, no puedo solo.*
- Pones tus necesidades en último lugar, no pides ayuda.
- Das porque quieres recibir algo a cambio: *Yo hice esto por ti, ahora me debes.*
- Quieres quedar bien con los demás: *Me van a querer más.*
- Tienes sentimientos de agotamiento, enojo y resentimiento.
- Te sientes decepcionado, frustrado y piensas que la gente se aprovecha de ti.

Dar por las razones equivocadas puede deteriorar nuestras relaciones sociales que son un ingrediente básico del bienestar. Es posible que ciertas personas quieran explotarte y tomar ventaja de tu disposición para ayudar, lo cual te dejará con un gran resentimiento. Puedes incomodar a las personas a tu alrededor si perciben que das para recibir algo a cambio, y no con un deseo genuino de ayudar. También puede ser que al apoyar a alguien, con la mejor de las intenciones, disminuyas su sentido de dignidad, y termines haciéndola sentir mal si no está emocionalmente lista para recibir ayuda.

¿Cómo practicar la generosidad para recibir sus beneficios en términos de felicidad?

Para evitar caer en una generosidad compulsiva —no auténtica— vale la pena hacer un ejercicio de introspección, y reflexionar sobre cuál es nuestra verdadera motivación al ayudar. ¿Están satisfechas mis necesidades emocionales? ¿Ayudo desde un corazón pleno?

Es útil cambiar la frase: *Es mejor dar que recibir* por *Es mejor dar y recibir.*

Practicar la generosidad aporta a nuestro bienestar siempre y cuando hacerlo sea nuestra elección, y no una obligación. Es importante poner límites y, como dice Anne Lamott, recordar que **NO** es una oración completa.

Si te sientes incómodo diciendo simplemente no, puedes intentar decir: No… pero. Por ejemplo: *No puedo pasarme la tarde cuidando a tus niños, pero puedo enviarte comida* o *no puedo ayudarte con este proyecto, pero puedo contactarte con alguien que sí.*

Podemos ser generosos con nuestro dinero, tiempo, presencia, atención, palabras y conocimientos. Sin embargo, la ciencia muestra que recibimos mayores beneficios cuando practicar la generosidad nos sirve para conectar con la persona que la recibe. En este sentido, el efecto de pasar tiempo con alguien, o hacer trabajo voluntario, es más poderoso que donar dinero a obras de caridad en general.

Somos más generosos cuando tenemos tiempo. Si vives de prisa y no te alcanzan los días para hacer trabajo voluntario o participar en actividades que requieran de atención, elige dar un micro momento de afecto. Conecta con los demás a través de una sonrisa, un saludo, una mirada. Busca realizar pequeñas acciones como abrirle la puerta a alguien, preguntarle *¿cómo estás?*, y hacer un comentario positivo. Es mejor hacer una pequeña aportación, que sentir remordimiento por no ayudar cuando nos gustaría hacerlo.

La generosidad y la felicidad van de la mano. Pocas cosas elevan nuestra sensación de bienestar y sentido de vida, como contribuir positivamente en la vida de las personas que cruzan nuestro camino. La generosidad empieza en casa —contigo mismo— y en un corazón auténtico y pleno.

Ruta 5:

Lazos sociales

Ningún camino es largo cuando tienes buena compañía.

RALPH WALDO EMERSON

Para ser feliz no hay nada mejor que nuestros lazos sociales. Si tuvieras que elegir solamente un elemento sobre el cuál construir tu felicidad, tendría que tener forma de persona, ya que las relaciones interpersonales son el pilar de nuestro bienestar.

La fortaleza de tus conexiones sociales —con amigos, familiares, vecinos, compañeros de trabajo, etcétera,— está totalmente ligada a tu felicidad de largo plazo. La gente que tiene lazos personales estrechos es menos propensa a experimentar tristeza, soledad, depresión y baja autoestima, también duerme más, tiene mejor salud y vive más tiempo.

Hace unos 75 años arrancó en la Universidad de Harvard, el estudio más largo que se ha hecho para entender qué nos mantiene sanos y felices a lo largo del tiempo. Desde 1938 han seguido y explorado, con detalle, la vida de alrededor de 700 hombres que fueron divididos en dos grupos. En el primero, estaban jóvenes estudiantes de Harvard provenientes de familias privilegiadas, y con futuros prometedores. Mientras que el segundo, estaba formado por jóvenes de los barrios más pobres y marginados de Boston, con situaciones de vida complicadas, y expectativas inciertas. Todos ellos fueron y siguen siendo sometidos a entrevistas, encuestas de bienestar, y todo tipo de exámenes médicos. Además, se han registrado los eventos más destacados o trascendentes en sus vidas.

A lo largo de 75 años han pasado muchas historias. Algunos jóvenes se convirtieron en abogados, otros en médicos, unos se hicieron muy ricos o muy pobres. Uno de ellos, John F. Kennedy, se convirtió en presidente de Estados Unidos, otros tuvieron problemas de alcoholismo o sufrieron a causa de enfermedades mentales. Algunos se casaron, tuvieron hijos; otros se divorciaron, y algunos más murieron. Los que aún viven tienen ya alrededor de 90 años.

¿Qué nos mantiene sanos y felices a lo largo de la vida? No es la fama, ni el dinero, ni el poder. Según los hallazgos del estudio, la decisión más importante que podemos tomar en términos de nuestra salud y felicidad, es invertir en nuestros lazos sociales. Hacer un esfuerzo deliberado por estrechar y nutrir nuestras conexiones personales es la inversión con el mayor retorno en felicidad. Robert Waldinger, director del estudio, hace un resumen de los resultados más impactantes en su conferencia de TED (Technology, Entertainment and Design).

Que existan tantos estudios científicos que aportan evidencia contundente sobre la importancia de nuestros lazos sociales para ser felices es maravilloso. Pero este, es uno de esos temas que en realidad no necesita de pruebas científicas para convencernos de su importancia. La vida nos enseña, cada día, que nuestros momentos más plenos, felices, emocionantes, gratificantes, inspiradores, tristes, dolorosos, miserables o escalofriantes, tienen que ver con otras personas.

Cuando alguien importante no está presente, cuando un ser querido se va para siempre, o cuando ese alguien especial decide seguir su camino sin nosotros, sentimos que nos ahogamos en dolor, tristeza y ansiedad. Casi nada puede rellenar el agujero que produce la ausencia de un ser querido, es entonces cuando nuestra felicidad recibe un *knockout*. En cambio, cuando tenemos cerca a nuestras personas favoritas, lo demás…es lo de menos. Todo tiene remedio cuando nos sentimos completos y acompañados. Disfrutamos más lo bueno que nos pasa cuando podemos compartirlo con alguien más. ¿O no?

La frecuencia, la proximidad y la calidad sí importan

No todas las interacciones personales son iguales. Existen tres elementos importantes para mejorar la calidad de nuestros lazos sociales: la proximidad, la calidad y la frecuencia.

La proximidad es clave en este tema de relaciones interpersonales, pues las conductas y las emociones son contagiosas. Lógicamente se nos pegan más las virtudes o los vicios de quienes tenemos más cerca, pero nuestra felicidad, y muchas de las cosas que hacemos, están influenciadas por personas que ni siquiera conocemos.

Aunque resulte increíble nos afectan las interacciones de los amigos, y de los amigos de nuestros amigos. Si en nuestro círculo social hay personas que fuman y consumen alcohol, nuestras probabilidades de fumar y tomar, son mayores. Lo mismo sucede con el ejercicio, si estamos rodeados de deportistas, es posible que nos contagien las ganas de activarnos, y nos animemos a correr, a andar en bicicleta o a inscribirnos en clases de tenis. Tener un amigo feliz viviendo a un kilómetro de distancia, por ejemplo, afecta positivamente nuestra felicidad hasta en un 40%.

¿Cómo sabemos esto? Nicholas A. Christakis, director del *Yale Institute for Network Science*, ha dedicado su carrera a entender cómo influyen las conexiones sociales en la salud y en el bienestar individual. Descubrió que ciertos eventos y conductas, no afectan solamente a una persona, sino a una red completa de gente.

Christakis, que también es médico, trabajaba atendiendo enfermos terminales. Las llamadas y visitas a casas de sus pacientes le permitieron observar el efecto que el proceso de morir tiene en los familiares y amistades cercanas, le llamó «**efecto viudez** o **síndrome de la pareja que muere de corazón roto**». ¿Cómo fue que lo descubrió? Porque frecuentemente visitaba a una anciana que se estaba muriendo por los efectos del Alzheimer, y la cuidaba su hija. Una noche recibió la llamada de un desconocido, que resultó ser el mejor amigo del esposo de la hija de la anciana. Le hablaba para expresarle su preocupación por el bienestar de su amigo, quien estaba deprimido por el agotamiento que le producía a su esposa cuidar de su madre. La condición de la anciana estaba teniendo consecuencias más allá de su círculo inmediato.

Es importante tener en cuenta el elemento proximidad en nuestras relaciones sociales. Acercarnos a nuestras metas es más fácil cuando nos rodeamos de personas que tienen intereses afines a los nuestros —escritores, si quieres escribir un libro, gente sana y activa, si tu objetivo es bajar de peso. Entrenar ciclismo en un grupo te motiva, te impulsa y te hace pedalear más fuerte. La distancia juega un papel importante. No es lo mismo, por ejemplo, lidiar con un colega insufrible que trabaja en otro país o en otro estado, que tener que hacerlo cuando es tu vecino de escritorio.

Tratemos de mantener cerca a la gente que queremos, y que aporta cosas positivas a nuestras vidas, y poner distancia entre quienes drenan nuestra energía con su acidez y negatividad.

Un vistazo a tu interior: *¿Qué me contagia la gente que está cerca de mí o cerca de las personas que están a mi alrededor? ¿Qué contagio yo?*

Nuestros lazos sociales aportan a nuestro bienestar siempre y cuando funcionen. Una relación conflictiva o tóxica genera emociones difíciles de manejar y reduce nuestra felicidad.

La calidad de nuestras relaciones sociales es fundamental. Las interacciones positivas nos nutren, mientras que las negativas nos desgastan. Una interacción negativa —un rechazo, una crítica destructiva o un comentario agrio— genera una emoción negativa. Nuestro cerebro responde liberando cortisol, también conocido como la hormona del estrés. Cuando nuestro cuerpo está invadido de cortisol, se reduce nuestra habilidad de pensar y se activan los mecanismos de conflicto y defensa, aumenta la sensación de desconfianza y se entorpecen nuestras relaciones sociales. Por el contrario, una interacción positiva —una muestra de afecto, de agradecimiento o un cumplido— genera una emoción positiva y nuestro cerebro produce oxitocina, la hormona del amor. Esta carga de oxitocina mejora nuestra capacidad de comunicación, colaboración, empatía y confianza hacia los demás. Además, enriquece nuestras relaciones interpersonales.

Con cada interacción viene una decisión, puedes elegir cómo será tu siguiente intercambio. También puedes decidir torcer la boca o echar los ojos para arriba, y sentir los efectos del cortisol cuando te devuelvan la mala cara, o puedes decidir saludar y llenarte de oxitocina. Entonces… ¿Qué sensación quieres producir en los demás?

Estudios realizados por Barbara Fredrickson, investigadora de la Universidad de Carolina del Norte, muestran que para que una relación funcione —en el trabajo, amigos, pareja, hijos—, la razón de interacciones positivas a negativas tiene que ser de al menos tres a uno. Es decir, por cada intercambio negativo tiene que haber tres intercambios positivos. ¿Por qué? Porque el cortisol tiene un efecto más prolongado en el cuerpo que la oxitocina, y esto hace que los efectos de un evento negativo se sientan más tiempo. Esta razón permite pronosticar desde las probabilidades de que una pareja se divorcie, hasta las probabilidades de que un equipo de trabajo mantenga un alto nivel de satisfacción con sus clientes o tenga altos niveles de productividad. Este número —tres a uno— no está escrito en piedra, e incluso está en discusión, sin embargo, es sentido común pensar que si queremos que nuestras relaciones personales funcionen mejor, tenemos que cuidar que los intercambios positivos superen a los negativos. Por cada regaño a los hijos, tocan tres muestras de afecto, y si te enojas con tu pareja, recuerda que un ramo de flores no es suficiente... necesitas comprar tres.

Nos falta hablar sobre la frecuencia. En su libro, *Are you fully charged?*, Tom Rath explica que la vida es una composición de millones de intercambios personales. Nuestras acciones de cada día se acumulan y dan forma a nuestros años, décadas y vida en general. Cada interacción cuenta —una sonrisa, un saludo, un cumplido— y la frecuencia es más importante que la intensidad. En este sentido... es mejor darle un beso todos los días a nuestros hijos, que hacerles un regalo y darles un abrazo extra apretado únicamente el día de su cumpleaños. Son las pequeñas cosas las que hacen la diferencia —mirar a los ojos cuando hablas con alguien, escuchar con atención, saludar, llamar por teléfono a tu mejor amiga, agradecer personalmente, enviar un mensaje de apreciación. La retroalimentación frecuente en el trabajo o en el salón de clases tiene un impacto más grande en la motivación de un colaborador o un estudiante, que una gran revisión dos veces al año. No esperes un gran momento o una ocasión especial para mostrar afecto.

Un vistazo a tu interior: *¿Quiénes son las personas que llenan tu vida de energía positiva? ¿Quiénes son esos compañeros que te alegran, acompañan y mantienen en la ruta? ¿Qué puedes hacer para tenerlos cerca y tocar base con ellos frecuentemente?*

Lazos sociales sobre ruedas

La fortaleza y la calidad de nuestras conexiones sociales están estrechamente ligadas a nuestra felicidad de largo plazo, y a nuestro bienestar físico y emocional. Los seres humanos funcionamos mejor cuando estamos conectados con los demás.

Mejorar nuestras relaciones interpersonales, mantenerlas o hacer nuevas, requiere de intención y acción.

¿Qué podemos hacer para mejorar la calidad de nuestras relaciones sociales?

Alrededor de los conceptos de proximidad, frecuencia y calidad, podemos desarrollar ciertos hábitos que son sencillos y altamente efectivos.

Para elevar las razones de interacciones negativas a positivas es importante expresar admiración y afecto. Somos extraordinarios para señalar las faltas de las personas a nuestro alrededor. A los hijos, por ejemplo, los corregimos constantemente: *Mastica con la boca cerrada, siéntate derecho, llegaste tarde.* Pero no siempre nos acordamos de resaltar sus atributos o comportamientos positivos.

No tengo duda que todos queremos a nuestros familiares y amigos, pero ¿lo saben ellos? El amor escondido no le sirve a nadie... el cariño tiene que verse, escucharse y sentirse. Recuerda resaltar todo lo que te gusta de tus personas favoritas: *Qué bonito combinaste los colores en ese dibujo, gracias por cuidar a tu hermano mientras yo estaba hablando por teléfono, me encanta ser tu mamá.* Muestra afecto con un abrazo, con un beso, con una palabra cariñosa. Que no se te pasen los días sin hacerlo.

Pasa tiempo con la gente que quieres, en lugar de junto a la gente que quieres. Con frecuencia estamos físicamente juntos aunque separados, pues cada integrante del grupo está en otro mundo, o sea, en su teléfono. Constantemente compartimos el espacio alrededor pero «interactuando» con alguien que no está ahí. Si tenemos la fortuna de coincidir y pasar tiempo con alguien importante, aprovechemos para de verdad conectar. Mirarlo a los ojos, escucharlo con los oídos, y conversar sin las interrupciones del celular. En mi casa, por ejemplo, los aparatos electrónicos están prohibidos a la hora de comer, es un momento libre de tecnología que nos da la oportunidad de interactuar en esos instantes que coincidimos.

Asume que las personas tienen buenas intenciones. Con cada interacción viene una decisión. No importa qué tan de mal humor estés, puedes tomar una decisión con respecto a cómo será tu siguiente interacción. Puedes, nuevamente, decidir hacer una mueca —enviar y recibir una carga negativa— o saludar y sonreír —enviar y recibir una carga positiva. En estas ocasiones es mejor asumir que las personas tienen buenas intenciones.

Cuando una persona que está manejando te cierra el paso, puedes asumir sus malas intenciones: que quiso sacarte ventaja o molestarte, y experimentar enojo, furia o frustración. O, por el contrario, puedes asumir sus buenas intenciones: que tiene prisa por llegar a una reunión importante o que se siente mal y quiere llegar a su casa, y experimentar compasión, empatía o comprensión. A la otra persona le da lo mismo qué pienses o cómo te sientas. En estas situaciones es muy posible que ni se entere de lo que te hizo sentir, pero a ti te conviene reaccionar con tranquilidad, pues eres tú quien se queda con las emociones que generan tu manera de pensar y reaccionar.

Recuerda la razón tres a uno en el trabajo. En las empresas, generalmente, cuando llega el momento de dar evaluaciones de desempeño, los jefes se concentran en las «áreas de oportunidad» —una manera amable de hablar sobre debilidades— y esto hace que los colaboradores salgan con los hombros caídos. Si tu trabajo requiere de dar retroalimentación a personas en tu equipo, asegúrate de mantener una razón de tres a uno, o decir más comentarios positivos que negativos.

Ejercicio: Tweet de agradecimiento
Revisa la lista de contactos en tu celular y elige una persona. Escríbele un mensaje breve —como un *Tweet,* de no más de 140 caracteres— donde le expreses agradecimiento, admiración o simplemente cariño, y manda el mensaje. Podría pasar que luego de recibir el mensaje te respondan: ¿Todo bien? ¿Te pasa algo?

Si quieres hacer de este ejercicio un hábito, programa una alarma semanal en el calendario de tu teléfono que te recuerde escribir y mandar un mensaje lindo a alguien más. Se siente bien. Ya verás.

Ejercicio: 5% más conectado
Durante un minuto escribe todas las ideas que te vengan a la cabeza para completar la siguiente frase: *Para estar 5%* más conectado con las personas importantes en mi vida y fortalecer mis vínculos sociales podría… Elige la que más te guste y ponla en acción.

Lazos sociales y tecnología

Si levantas tu vista del teléfono, te darás cuenta que la mayoría de las personas tienen la cabeza agachada con la vista puesta en el suyo. —A medio pasillo en el supermercado, en el salón de clases, en el consultorio del doctor, en la fila, caminando en la calle, en el cine. La siguiente vez que vayas a ver una película, observa «las luciérnagas» que aparecen durante la función. Vivimos pegados al celular —en la cama, en la mesa, en el baño, en todos lados, todo el tiempo. Estamos más conectados que nunca en el espacio virtual y aparentemente más solos en el mundo real.

De 1980 a la fecha, el porcentaje de adultos en Estados Unidos que dicen estar solos creció del 20 al 40%. Una de cada tres personas mayores a los 65 años, y la mitad de los ancianos de arriba de 85 vive por su cuenta. Este último dato me parece inquietante. No sé cuál sea la explicación detrás de estos números, pero me resulta incompresible que una persona de esta edad pase sus días sin compañía.

El aislamiento social es un fenómeno en crecimiento que tiene consecuencias negativas a nivel físico, mental y emocional. Las personas que tienen poco contacto con los demás tienen patrones de sueño alterados, sistemas inmunológicos débiles, más procesos inflamatorios y altos niveles de estrés. Asimismo, les aumenta el riesgo de tener un ataque cardiaco hasta en un 30%. La soledad puede acelerar el deterioro cognitivo en los adultos mayores, y los individuos que están aislados tienen una probabilidad dos veces más grande de morir prematuramente que aquellos que tienen interacciones sociales sólidas. Estar solo es tan peligroso para la salud como la obesidad y el tabaquismo. La evidencia es clara: el aislamiento social es tóxico.

Por un lado, las estadísticas muestran que cada vez más gente se siente sola o está sola. Y por otro, muestran que estamos cada vez más conectados en el ciberespacio usando las redes sociales.

Entonces, *hiper*-conectados pero… ¿solos?

Los teléfonos celulares y las redes sociales están cambiando nuestras vidas, y el tema es controversial. Una pregunta que recibo con frecuencia es: *¿Cómo afecta el uso de teléfonos inteligentes y redes sociales nuestra felicidad?* Y las personas que preguntan casi siempre imprimen un tono que sugiere la sospecha de un efecto nocivo para el bienestar. En realidad la repuesta es: «todo depende» y los resultados son mixtos. No es que el uso de redes sociales cause felicidad, depresión o ansiedad. El tema tiene que ver más bien con cuánto, cómo y para qué las utilizamos.

Varios estudios han concluido que el contacto en el mundo del Internet puede alejarnos de las interacciones cara a cara, y reducir el tiempo que invertimos en nuestras relaciones más importantes. En otras palabras, es posible que estemos reemplazando el contacto personal por el virtual, y el primero, para efectos de nuestro bienestar, es mucho más potente que el segundo. Yo soy víctima de este fenómeno. Mis padres viven en una ciudad diferente a la mía desde hace casi 20 años. Antes de las video llamadas por *Skype*, *Facetime* o *WhatsApp*, existía solo el teléfono, y para vernos teníamos que viajar. Algunas veces ellos para visitarme a mí, y otras veces, yo para visitarlos a ellos. Ahora hablamos y nos vemos a través de la pantalla, sin embargo, el tiempo que pasamos físicamente juntos se ha reducido de manera considerable. Y no hay nada como el contacto en tres dimensiones.

Por ejemplo, me pongo a pensar en el día de mi cumpleaños. Hace años lo común era recibir muchas llamadas telefónicas, era delicioso pasarme el día poniéndome al corriente con familiares y amigos. Invariablemente, después de la felicitación, dedicábamos tiempo a hablar sobre lo que había sido de nuestras vidas desde el último contacto. Eso ha cambiado, ahora recibo muchos mensajes de una sola línea, escritos por *Facebook* o *WhatsApp*. En total me felicita mucha más gente que antes, y es gratificante. Pero debo confesar que extraño las llamadas. Escuchar las risas y la voz con sus miles de tonos, tiene un encanto incomparable.

Holly B. Shakya y Nicholas A. Christakis, expertos en conexiones sociales, realizaron un estudio para explorar la relación entre el uso de *Facebook* y el bienestar. Encontraron que las interacciones en vivo aumentan nuestro bienestar, mientras que el uso de *Facebook* tiende a reducirlo. Las personas que consistentemente dieron *like* o hicieron *click* en contenidos de otras, registraron un deterioro en su grado de satisfacción con la vida, así como en su percepción con respecto a su salud física y mental.

¿Cómo es que el uso de *Facebook* pudiera estar deteriorando nuestro bienestar? ¿Qué impacto tienen en nosotros las interacciones sociales a través de una pantalla? ¿Qué pasa cuando caemos presos del celular y nos hacemos adictos al consumo de redes sociales?

Las redes sociales tienen su lado bueno, muy bueno, diría yo. Son una herramienta espectacular para mantenernos cerca de los seres queridos que nos quedan lejos o que no podemos ver con la frecuencia que quisiéramos. Además, permiten mantener cierta cotidianeidad y estar al día de los eventos importantes. Son una maravilla para esto.

Podemos fortalecer nuestros lazos sociales, aprender y experimentar emociones positivas gracias a las redes sociales y a las miles de aplicaciones que podemos instalar en nuestros aparatos. Por ejemplo, los abuelos que viven lejos pueden ver, hablar y jugar con sus nietos a través de *Skype*. Amigos regados en el mundo están al día de sus vidas unos de otros por medio de *Facebook* o *WhatsApp*. Recordar lugares y momentos especiales resulta fácil viendo fotos en *Instagram*. Construir algo es posible viendo un tutorial en *YouTube*. Estudiar es sencillo tomando un curso en línea o preguntándole a *Google*. ¿Para inspirarte?, conferencias de TED. ¿Películas?, *Netflix*. ¿Orejas y nariz de conejo?, *Snapchat*. Es increíble. Las redes sociales son una herramienta magnífica cuando las utilizamos para conectarnos con amigos y familiares, a quienes no vemos todos los días. También son únicas para compartir cosas positivas, informarnos, o educarnos sobre temas de interés. Sin duda, nuestro bienestar puede mejorar a través de ellas.

Pero igualmente tienen su lado malo. Cuando nos perdemos en las redes sociales deshabitamos el momento presente, descuidamos a quienes tenemos cerca, nos comparamos con los demás, y perdemos mucho tiempo que podríamos dedicar a cosas importantes.

También me parece que hay un tema de calidad *versus* cantidad. ¿Cuánto tiempo pasamos en *Facebook* y cómo pasamos ese tiempo? ¿Dedicamos horas a navegar por las redes sociales para postergar el trabajo, evadir la realidad y hacer corajes viendo en qué andan los demás?, o ¿estamos usando este espacio para compartir momentos especiales, y verdaderamente fortalecer nuestros lazos sociales?

El usuario promedio pasa casi una hora al día en *Facebook* —según datos de la propia empresa. Esto es aproximadamente una dieciseisava parte del tiempo que pasamos despiertos. Y ¡ojo!, qué dice el usuario promedio… este dato incluye a mi papá que tiene cuenta pero no la usa, y a mis alumnos que ahí viven. Pasamos más tiempo en esta plataforma que leyendo, haciendo ejercicio, interactuando en vivo y a todo color, o escuchando a quienes tenemos enfrente.

¿Qué es lo primero que haces al despertar y antes de irte a dormir? ¿Revisar tu teléfono? Según una encuesta realizada por Deloitteen 2015, sobre el uso de teléfonos inteligentes, el 78% de los usuarios lo revisa durante los siguientes quince minutos de estar despierto. Yo lo hago en seguida después de que suena la alarma, no espero los quince minutos. Esto quiere decir que estamos dándole los buenos días al universo electrónico antes que a nuestras parejas y a nuestros hijos, antes de bajarnos de la cama ya estamos más conectados con el exterior que con nuestro mundo interior o inmediatamente alrededor. Nuestro celular es lo primero que atendemos al despertar, y lo último, antes de dormir. Se ha convertido en una extensión de nuestro cuerpo.

El tiempo que invertimos en las redes sociales es otro tema. ¿Qué pensarías si observaras a una persona levantarse del sillón, salir de su casa por la puerta principal y revisar el buzón de correo cada diez minutos? ¡Qué está loca!, ¿no? Bueno… en Estados Unidos el usuario promedio de teléfonos inteligentes revisa su dispositivo cada seis minutos y medio. Esto suma alrededor de unas 150 veces al día. ¿Cuántas veces lo revisas tú? Según otro estudio, las personas pasan en promedio 3.3 horas al día en su teléfono; pero entre los jóvenes de 18 a 24 años, la cantidad es de 5.2 horas.

¿Y qué hacemos tanto tiempo en el teléfono? Casi siempre naufragar, recorremos las aplicaciones que tenemos instaladas de la misma manera que un hámster gira su rueda. La siguiente vez que estés haciendo fila en cualquier parte, fíjate a tu alrededor y verás cómo las personas dan vueltas constantemente al circuito *WhatsApp*, correo electrónico, *Facebook*, *Instagram*, *Twitter* o *Snapchat*. Es un proceso automático. Naufragar nos quita un montón de tiempo y produce estrés cuando, al final del día, regresamos a ver la lista de cosas que hacer y notamos que sigue en el mismo estatus: Pendiente.

El teléfono celular también puede afectar nuestro bienestar cuando caemos presas del «Síndrome de Atención Parcial Continuo», que no es otra cosa que tener nuestra atención repartida en mil partes y en nada a la vez. No habitamos el momento presente, caminamos con la vista agachada sin notar lo que sucede a nuestro alrededor, y es responsabilidad de los demás no estrellarse con nosotros. Observa las mesas en los restaurantes y podrás ver a cada uno de sus comensales metidos en el celular. Estamos perdiendo las conversaciones a la antigua, no estamos ahí. Estamos conectados en el ciberespacio, pero desconectados de quienes tenemos enfrente.

Y cuando no habitamos el presente nos perdemos de momentos que valen la pena. Por ejemplo: la canasta que metió nuestra hija en el partido de basquetbol, o el pase que interceptó. Confiesa si, como yo, alguna vez has tenido que preguntarle a la mamá de junto: ¿qué *hizo mi hija*? Porque estabas chateando y te sorprendiste cuando las otras mamás —que no estaban viendo el celular— gritaron su nombre y le decían *muy bien*. ¡Ouch!

El uso de redes sociales también puede deteriorar nuestro bienestar, o alterar nuestra autoestima, por efecto de las comparaciones sociales. Hay quienes las utilizan para comparar lo aburrida que es su vida con respecto a la de los demás, y esta comparación puede causar depresión o acentuarla. ¿A dónde fueron de vacaciones? ¿A qué fiestas o reuniones fueron ellos mientras tú te aburrías en tu casa? ¿Con quién están? ¿Cómo se ven? ¿Qué delicia están comiendo? El problema de usar como referencia *Facebook* es que nos olvidamos de un aspecto crítico: Casi todo mundo enseña sus mejores fotos, momentos y experiencias. Difícilmente alguien publicará una foto cuando tiene un grano en la punta de la nariz. Comparar nuestro yo interno con el exterior editado de los demás es una mala idea.

Además, contrastamos nuestras versiones interiores con las versiones exteriores editadas de los otros, utilizamos filtros y efectos para vernos más jóvenes, fotos en lugares lindos, eventos sociales sobresalientes, sonrisas blancas y grandes. Pareciera que la versión que mostramos al exterior está prefabricada en función de lo que pensamos le gustará a los demás. Le metemos mucha producción a cada foto antes de publicarla esperando obtener muchos *likes,* comentarios y *shares.* ¿Alguna vez has visto a alguien tomándose un *selfie*? ¿Cuántas veces cambia de pose y sonrisa, antes de tomar la foto? ¿Cuántas veces repite la foto después de verla? El hecho es que luego se nos olvida que los demás hacen lo mismo, y terminamos sintiendo que nuestra vida es aburrida, gris y sin sabor.

Recuerdo una vez que hablamos en clase sobre las comparaciones sociales, yo les comenté a mis alumnos que comparamos nuestro estilo de vida con el de nuestro grupo de referencia que, casi siempre, es nuestro círculo cercano. Les dije: *Yo me comparo con mis amigas, compañeras de trabajo y mis vecinas, pero no con Emma Watson, porque ella no está en mi grupo de referencia.* Entonces una alumna levantó la mano y comentó: *Las artistas y modelos sí están en mi círculo de referencia, y me comparo con ellas porque las veo todo el tiempo en mi teléfono.* Las cosas han cambiado.

Por todos lados nos inundan imágenes e información de lo verdaderamente extraordinario. Lo mejor de lo mejor es lo que atrapa nuestra atención en los medios, y terminamos convencidos de que lo excepcional es lo normal.

El teléfono celular puede generar ansiedad de varias maneras. ¿Has sentido pánico cuando sientes que perdiste el celular? Como tornado empiezas a levantar todo lo que está a tu alrededor mientras gritas todos los nombres que te vienen a la cabeza para que te ayuden a buscarlo. También es motivo de estrés saber que no podrás usar el teléfono durante cierto tiempo… ¿Qué sentirías si supieras que debes esperar en un consultorio dos horas sin teléfono? Ansiedad, cuando llega un mensaje y no puedes leerlo al instante; nervios, cuando te llaman y no logras contestar. Y qué decir de esa rara sensación que produce sacar el teléfono de la bolsa de mano o del pantalón, porque juraste que sonó o vibró, para luego darte cuenta de que no —síndrome del celular que suena. Impaciencia, cuando hay mala señal; enojo, si no hay Wi-Fi; desesperación, cuando la batería está en rojo y el cargador lejos. ¡Qué adicción! ¡Qué estrés!

¿Cómo evitamos que las redes sociales interfieran con los buenos momentos del día a día? Reduce tu consumo definiendo zonas o tiempos libres de tecnología, elimina notificaciones de grupos de discusión sin importancia —no necesitas revisar todos los mensajes de la generación de cada uno de tus hijos o de la tuya. Elige no saber si recibes un nuevo *email* o mensaje de *Facebook*. Pon el celular en silencio cuando necesites concentrarte. Escoge habitar el momento presente, guárdalo donde no lo veas, sientas o escuches, cuando estés con alguien más.

Decide pasar más tiempo en la vida real y, cuando pases tiempo en la virtual, asegúrate que sea para verdaderamente conectar, inspirarte o aprender. Navega en lugar de naufragar.

Las redes sociales llegaron para quedarse y pueden ser un complemento maravilloso para nuestra vida social, pero no son un sustituto del contacto personal en vivo que necesitamos para tener una vida social saludable. Andar en bicicleta en un videojuego nunca será lo mismo que hacerlo al aire libre donde puedes sentir el viento sobre tu cara, escuchar el sonido de los animales en la montaña y oler la tierra. Lo mismo sucede con el contacto personal, es mucho más enriquecedor tener una interacción de carne y hueso que una a través de una pantalla. Creo que podemos encontrar un balance para quedarnos con lo mejor de los dos mundos. *Hiper*-conectados y acompañados.

Un vistazo a tu interior: *¿Cuánto tiempo pasas al día conectado en las redes sociales? ¿Para qué la usas? ¿Estás reemplazando tiempo cara a cara con tus amigos y seres queridos con tiempo virtual?*

Cuando las relaciones sociales son cuesta arriba

Una de las recomendaciones básicas para vivir más sanos y felices, es tener interacciones de buena calidad, estar cerca de nuestros seres favoritos y mantener contacto frecuente con ellos. Cuando nuestros lazos sociales van por buen camino recibimos los beneficios en mejor salud física, emocional y buenos ratos.

Desafortunadamente, no todas nuestras relaciones personales funcionan o no funcionan todo el tiempo. Algunas se deterioran con los años —matrimonios, amistades—, otras se fracturan por algún conflicto —familiar, laboral— y otras más son complicadas desde el inicio. A veces es posible repararlas y solucionar los conflictos, otras veces no.

Hay cierto tipo de relaciones que invariablemente representan un reto y son difíciles de llevar: las relaciones con personas tóxicas. Y es que no solo nos hacen sentir miserables, sino que también son nocivas para la salud. Convierten cualquier intercambio en una experiencia desgastante.

Varios estudios muestran que la exposición a estímulos que producen emociones difíciles —como el que generan este tipo de personalidades— conduce a nuestro cerebro a un estado de estrés que, sostenido en el tiempo, puede, incluso, cambiar su estructura.

Las personas tóxicas tienen la capacidad de hacernos pasar de emociones positivas a emociones difíciles como si estuviéramos en la montaña rusa, aumentando con esto nuestro riesgo de padecer depresión y problemas cardiovasculares. Pasar tiempo con ellas y sus conductas impredecibles es más peligroso que pasar tiempo con gente a la que no queremos o nos cae mal.

¿Cómo sabemos si estamos en una relación tóxica? ¿Cómo identificamos a una persona tóxica?

Haz un diagnóstico. Date cuenta de cómo te sientes antes o después de interactuar con ciertas personas; generalmente, las tóxicas nos dejan con resaca emocional.

Después de pasar tiempo con ellas nos sentimos atropellados, como si nos hubieran succionado el alma con una aspiradora industrial o sumergido en un remolino de confusión. Drenan nuestra energía y nos quitan el brillo.

A veces, cuando sabemos que vamos a pasar tiempo con alguna persona en particular, empezamos a sufrir anticipadamente o, sentimos miedo, nos da dolor de cabeza, comienzan a sudarnos las manos, se nos engarrota la espalda, nos ponemos nerviosos, ansiosos o de mal humor. Esta es una señal inconfundible de un próximo encuentro con una persona tóxica.

Este tipo de individuos generalmente tienen características que podemos identificar. Pueden ser víctimas, envidiosos, manipuladores, pesimistas crónicos, arrogantes, agresivos o violentos. Personas mal intencionadas que acaparan la atención negativamente, desbordan sus emociones, crean intrigas, son protagonistas de conflictos y dueñas absolutas de la verdad.

Reconoce tu rol en la relación. No podemos controlar las acciones o la personalidad de alguien más, pero sí nuestra disposición para servirles de tapete para limpiarse los pies. ¿Por qué aceptamos ciertas conductas? Podría ser que anteponemos las necesidades de los demás a las nuestras, que somos vulnerables emocionalmente o pensamos que esos comportamientos son normales. Es importante reconocer que tenemos autonomía para elegir qué o cuánto toleramos.

Pon límites. Es importante dibujar una línea clara entre lo que estamos dispuestos a permitir y lo que no. No tenemos que recibir todo lo que nos quieren dar o lanzar en nuestra dirección, tampoco tenemos que responder a cualquier petición. Recuerda que **NO** es una oración completa.

Crea distancia física y disminuye la frecuencia. Si no podemos cambiar la naturaleza de la relación o rediseñar a la persona, una estrategia efectiva consiste en poner distancia física y reducir la frecuencia de las interacciones. Nos afectan más las personas que tenemos cerca, así que lejos de nuestra vista y afuera de nuestro perímetro nos hacen menos daño.

Practica la aceptación e instala distancia emocional. Es muy fácil alejarte de una persona tóxica cuando no forma parte de tu círculo inmediato, pero, ¿qué hacer cuando se trata de una persona a quien es muy difícil evitar? Por ejemplo, tu mamá, tu suegro, tu cuñado o un colega de trabajo. Aceptar que así es esa persona y que tenemos que lidiar con ella puede reducir parte del estrés asociado a querer cambiar la realidad. Se vuelve predecible y, por lo mismo, podemos hacer un esfuerzo por no responder al caos emocional.

Haz una pausa entre estímulo y reacción. Podemos controlar nuestra respuesta cuando alguien nos trata mal, o ante cualquier otra circunstancia, si creamos un espacio entre un estímulo y nuestra respuesta. Si te sientes enojado, asustado, confundido o amenazado, lleva tu atención a tu respiración. Cuando las cosas van por mal camino no te vayas detrás de ellas. Evita hablar con esta persona hasta que te encuentres nuevamente en un estado de calma. La meditación y la práctica de la atención plena —*mindfulness*[4]— son estrategias efectivas para hacer estas pausas.

Practica la compasión. Esto implica un nivel de sofisticación avanzado pues va contra nuestra naturaleza, pero los beneficios son considerables. Trae a la persona tóxica al centro de tu atención y envíale buenos pensamientos. Puedes ejercer la meditación compasiva repitiendo en tu mente: *Deseo que seas feliz, deseo que tengas salud y fortaleza, deseo que tengas calma, paz y estés libre de sufrimiento.* Con esta prác-

---

4. Concentración de la atención y la conciencia.

tica recuperamos la tranquilidad y nos ponemos por encima de la situación.

Anne Lamott, escritora norteamericana, dice que para sanarnos, en ocasiones tenemos que perdonar aunque no nos ofrezcan una disculpa o la persona continúe lastimándonos. Es posible que tengamos que hacer esto al final de cada día, en malos días o cada hora. Esta práctica es un proceso continuo más que un evento aislado, y es solo por nuestro bien. El enojo y el rencor hacen más daño a quien lo guarda.

En gran medida somos el producto de las personas con quienes más tiempo pasamos. Las emociones son contagiosas, y las conductas de la gente a nuestro alrededor influyen en nuestro bienestar. Cuidemos la calidad de nuestros lazos sociales, recordando siempre que el camino es de dos vías.

Ruta 6:

Relación contigo mismo

Quizá no hay una relación más importante que la que tenemos con nosotros mismos. Difícilmente podemos sentirnos bien y tener interacciones positivas con los demás cuando no estamos en buenos términos con la persona que somos. Compartimos la ruta con muchas personas a lo largo de nuestras vidas, algunas llegan para quedarse, otras nos acompañan en tramos, pero con nosotros mismos viajamos todo el tiempo.

Tu crítico interior

Dentro de cada uno de nosotros vive una voz que viaja con nosotros absolutamente a todos lados, no conoce el silencio y tampoco la prudencia. Tiene una opinión para todo y lo suyo es criticar, juzgar, censurar o culpar. Está siempre lista para hacernos saber que no somos suficiente, que estamos defectuosos o que la regamos: ¡Ya ves… *te lo dije!* Con frecuencia calcula nuestro valor como ser humano, cuestiona nuestras aspiraciones y frena nuestra capacidad de cambio o crecimiento. A esa voz se le conoce como el «crítico interior» y puede llegar a sonar sonar como jefe de fusilamientos o agente del FBI.

Una buena parte de la felicidad individual depende de la construcción de relaciones humanas saludables. Las personas que viven más sanas y felices se caracterizan por tener lazos sociales sólidos y estrechos, pero hay otro tipo de relación que es fundamental para nuestro bienestar emocional: la relación que tenemos con nosotros mismos, con la voz del residente incansable dentro de nuestra cabeza, o con ese flujo de conciencia involuntario.

¿Alguna vez te has sentado a escuchar u observar con atención a tu crítico interior?

En su libro *The unethered soul,* Michael A. Singer hace una descripción genial de la voz interior. Cuando la leí por primera vez estuve balanceándome en esa cuerda fina que divide la risa del llanto, parecía que hablaba de mi crítico personal. El texto me dejó movida para bien, fue tranquilizante descubrir que mi voz era parecida a la de los demás. Por lo visto, los críticos interiores tienen cosas en común.

El crítico interior tiene la misión de reforzar ideas o creencias limitantes. Nos hace dudar de nuestro valor como seres humanos, de quiénes somos y de nuestras capacidades. Su voz no permite equivocaciones. Te recuerda *que no estás listo todavía, que eso no es para ti, que no puedes aspirar a un amor verdadero, que deberías parecerte más a tu hermano o ser como tu papá, que nadie va a quererte así, que no eres suficiente.* En ocasiones te recrimina por no haber hecho las cosas de cierta manera, su palabra favorita es «hubiera», y siempre sabe más que tú. A veces aparece cuando te miras al espejo para recordarte lo gordo o panzón que estás, y te hace notar que los efectos de la gravedad ya son visibles desde el espacio. Puede ser que te desanime si quieres bailar —*te verás ridículo*—, aprender algo nuevo —*¿para qué?*— o dar una opinión —*mejor deja que hablen los que saben.* No tolera que entres en contacto con tus emociones —*los hombres no lloran*—. Es una voz sin filtro, desalmada y que nos limita.

El crítico interior nunca descansa, interrumpe nuestro silencio o deseos de tranquilidad con su incesante parloteo: *¿Apagué la luz del comedor? Mejor voy a checar. Ahorita no, después... Quiero terminar de ver el programa. No, mejor de una vez. ¿En qué me acabé el dinero? ¿Cómo se llama la joven que está en mi clase?... Justo me dijo ayer. ¿Qué onda conmigo? Qué vergüenza... Nunca me acuerdo de nada. Mañana tengo que ir al gimnasio. ¿Por qué no me habla? Seguramente ya se cansó de mí. No vine bien vestida.* Su conversación parece una venta de garaje, un agotador desorden donde todo se vale.

El crítico interior tiene algo que decir absolutamente de todo: *no me gusta, sí me gusta, sí me queda, puros cuentos, que exagerado, que flojera, está asqueroso, que aburrido.* Opina sin limitación alguna, además viaja siempre con nosotros y puede arruinar cualquier situación, ya que encuentra errores y defectos en cualquier lado. Nuestra vida cotidiana está muy influenciada por las experiencias que genera nuestro flujo de conciencia.

Manejando al crítico interior

¿Podemos hacer algo para bajarle la intensidad a nuestro crítico interior?

Acepta su presencia. Muchas veces ni siquiera lo notamos, no estamos conscientes de su existencia porque estamos totalmente inmersos en su conversación. Estamos en piloto automático. El primer paso para tranquilizar a nuestro crítico interior consiste en reconocer que está ahí y que forma parte de nuestra constitución humana. Ayuda dar un paso atrás para generar distancia, y verlo desde un mejor ángulo.

Pon atención a todo lo que dice. Cuando te encuentras a alguien, cuando hablas por teléfono, cuando manejas, cuando te lavas los dientes, antes de dormir, al despertar, cuando comes, cuando tienes que tomar una decisión o estás a punto de comenzar con alguna actividad, escúchalo y obsérvalo sin involucrarte o reaccionar. Simplemente registra lo que dice. Para esto ayuda mucho el *mindfulness*, una práctica para desarrollar la atención plena que te permitirá conocerlo mejor.

Ten curiosidad. Dedica algunos momentos a explorar el origen de los mensajes de tu crítico interior. ¿De dónde vienen? ¿Por qué me está diciendo esto? ¿Qué es esto que siento en reacción a lo que dice mi voz? Con frecuencia nos tapamos los oídos para no escuchar aquello que nos hace sentir defectuosos. El riesgo de sentir que «estoy mal» es mayor, por ejemplo, si tengo un crítico interior que constantemente resalta mi falta de capacidad para disfrutar la vida y ser feliz, como todos los demás.

Busca apoyo. En ocasiones el crítico interior se sale de control. Si te sientes constantemente bajo ataque, inmovilizado, con sentimientos de culpa, miedo, tristeza, inseguridad o sin saber qué hacer, lo mejor es buscar ayuda profesional. No vale la pena sufrir cuando hay soluciones.

Practica la autocompasión. Uno de los mejores antídotos contra los embates del crítico interior es la autocompasión —practicar la generosidad con nosotros mismos.

La voz dentro de nuestra cabeza no siempre es negativa, bajo ciertas circunstancias y momentos, nos ayuda a continuar, nos susurra al oído que sí podemos, nos cuida y aconseja. Cuando ando sobre ruedas, por ejemplo, mi voz es alentadora, me impulsa cuando el camino es cuesta arriba. Pareciera que rodar la pone en modo ligero, los pensamientos se apaciguan, se desenredan y acomodan al ritmo de los pedales.

Un vistazo a tu interior: *¿Cómo es tu crítico interior? Pasa tiempo con él. Obsérvalo y conócelo bien, pon atención a todo lo que dice la voz dentro de ti. ¿Cuál es esa idea o creencia limitante que refuerza constantemente?*

Autocompasión: El mejor antídoto contra el crítico interior

Generalmente pensamos en la compasión hacia los demás, pero la compasión para con nosotros mismos es igual de importante.

¡Yo no estoy de acuerdo con eso de la autocompasión! Dijo categóricamente una de mis alumnas y, con el permiso que otorga la primera voz valiente en un grupo, otras dos anunciaron: *Yo tampoco*. La contundencia de sus afirmaciones me llenó de curiosidad, así que decidí explorar de dónde venía tan evidente rechazo y les pedí que nos compartieran sus puntos de vista.

Sus opiniones con respecto al concepto de autocompasión estaban alineadas con dos creencias que son muy comunes pero no correctas. Son algo así como mitos o percepciones que provienen de una confusión de términos.

El primer mito gira alrededor de la idea de que la autocompasión te hace débil, flojo o mediocre. Creemos que debemos ser rudos y exigentes con nosotros mismos para mantenernos eficientes, competitivos y en la punta de la lanza. Pensamos que debemos señalar sin descanso nuestras propias limitaciones, no para aceptarlas y avanzar a pesar de ellas, sino para castigarnos o encontrar la motivación para corregirlas. Esta es una idea equivocada. Las personas autocompasivas tienen aspiraciones tan altas como las autocríticas, la diferencia es que las primeras no se desmoronan cuando las cosas salen mal o no logran sus objetivos. Ser consciente de nuestras limitaciones y aceptar nuestras fallas nos permite salir adelante. Es como decidir caminar con la piedra dentro del zapato en lugar de abandonar la excursión enojados y frustrados porque está ahí, y de momento, no podemos sacarla.

El segundo mito tiene que ver con el uso que le damos a los conceptos de «empatía, «compasión» y «lástima». Tendemos a relacionar la empatía con algo positivo, pero a la compasión muchas veces la tomamos como sinónimo de lástima. En este sentido, hablar de autocompasión equivale a sentir lástima por nosotros mismos, y esta idea genera rechazo. Sin embargo, como vimos en capítulos anteriores, empatía, compasión y lástima son sentimientos diferentes. La autocompasión no tiene nada que ver con sentir lástima por nosotros mismos, más bien tiene que ver con sentir empatía y hacer algo al respecto para mejorar nuestra situación o bienestar, para aliviar nuestro sufrimiento.

¿Qué es la autocompasión?

La autocompasión es uno de los antídotos más poderosos para contrarrestar los embates del crítico interior. Desarrollarla hace mucho más fácil silenciar al villano que vive dentro de nosotros; nos ayuda a reemplazar su voz ácida con una de apoyo, entendimiento y cuidado de nosotros mismos. En otras palabras, nos permite tratarnos con la misma compasión que procuramos a los demás.

La investigadora Kristin Neff, de la Universidad de Austin, líder en el tema, explica que la autocompasión es ser gentiles y comprensivos con nosotros mismos, en lugar de críticos y juiciosos. Significa tratarnos como se trata a un amigo muy querido y no invadir nuestras mentes con pensamientos como: *Soy muy estúpido* o *¿qué está tan mal conmigo?*

De acuerdo con Neff, la autocompasión tiene tres componentes. Comprenderlos es el primer paso para desarrollar esta habilidad.

- **Paso 1. Generosidad contigo mismo.** Ser cálidos y comprensivos con nosotros mismos en lugar de ignorar nuestro dolor o flagelarnos con autocrítica; cuando sufrimos, cometemos errores y nos sentimos inadecuados. Esto no quiere decir que nos hagamos de la vista gorda y neguemos nuestras limitaciones, más bien significa que somos capaces de perdonarnos por nuestros errores e imperfecciones, para seguir adelante y dedicarnos a algo más productivo. David R. Hamilton dice que: *La generosidad contigo mismo es quizá la forma más importante de generosidad.* Piensa en la generosidad con la que tratas a un niño pequeño o a tu mejor amigo.

- **Paso 2. Humanidad compartida.** Sabemos que el sufrimiento y sentimientos como la culpa, vergüenza, inseguridad y el remordimiento, son compartidos por todas las personas sin importar donde estén. Cuando lo reconocemos, podemos vernos desde una perspectiva diferente: Nuestros retos y fallas vienen con la definición de ser persona. *No soy la única, no me pasa solamente a mí, le pasa a muchos más.*

- **Paso 3. Atención plena o** mindfulness. Este componente tiene que ver con estar conscientes de nuestro dolor y sufrimiento sin reprimirlo, pero tampoco exagerándolo o reaccionando. Es importante identificar cómo nos sentimos y estar dispuestos a explorar de dónde vienen esas emociones.

En resumen, para practicar la autocompasión primero es necesario entrar en contacto con la realidad de lo que pensamos y sentimos, darnos cuenta que es parte de ser humanos —no es algo que me pasa solo a mí— y, finalmente, ser tan generosos con nosotros mismos como lo seríamos con alguien más.

No podemos cambiarnos a nosotros mismos, ni cambiar nuestras circunstancias, si no reconocemos y aceptamos lo

que existe en este momento. La aprobación personal es prerre-
quisito para el cambio. Desarrolla y practica la autocompasión, tú y tu crítico personal vivirán más felices.

Autocompasión sobre ruedas

¿Cómo podemos desarrollar y practicar la autocompasión?
Una manera de ser más comprensivo y compasivo contigo
mismo es recordar el niño que fuiste alguna vez. Como dice
Susan David, después de todo, no tuviste la oportunidad de
escoger a tus padres, tus circunstancias económicas, tu personalidad o tu tipo de cuerpo. Reconocer que tuviste que jugar
con las cartas que te repartieron es el primer paso para discul-
parte y tratarte con más calidez y amabilidad. Hiciste lo mejor
que pudiste dadas las circunstancias.

Otra manera consiste en pensar cómo le hablarías a un
niño pequeño o a tu mejor amigo si cometiera un error, no
lograra alcanzar una meta o estuviera metido en una situación complicada. Quiero pensar que jamás le hablaríamos o le
diríamos las palabrotas que nos decimos a nosotros mismos,
no lo humillaríamos, ni tampoco lo denigraríamos. Si le dijé-
ramos en voz alta a otras personas lo que nos decimos a nosotros mismos, es altamente probable que nos quedáramos sin
amigos.

El siguiente ejercicio lo conocí con Isabel Centeno, crea-
dora del modelo Psicoescritura basada en terapia de aceptación y compromiso (PACT), en una de esas clases que para mí
han sido memorables, y desde entonces lo practico con frecuencia.

Ejercicio: Identifica ideas o creencias limitantes
Dedica unos momentos a pensar en una creencia limitante, esa idea que tienes sobre ti mismo y que te frena para avanzar. A lo mejor tiene que ver con tu aspecto físico, tu manera de ser, el lugar en donde estás, tu trabajo, tu relación con alguien más. Una vez que la identifiques, anota los sentimientos que genera en ti.

- Reflexiona, ¿es verdad al 100%? Es decir, ¿te acompaña el 100% del día, en todo momento, con cualquier persona y en cualquier situación?
- Escribe aquellas situaciones, momentos o personas con los que no tienes esta creencia. Quizá descubras que esta idea no es universal ni permanente. Esto quiere decir que no es cierto para todo, ni para todos, ni todo el tiempo.
- Vuelve a escribirla de manera más realista, puesto que has visto que NO SIEMPRE se cumple. Dale una forma más específica, contenida y manejable.

Ejercicio: Carta de amor o autocompasión a ti mismo
Varios estudios de investigación sugieren que las personas que responden con compasión a sus propias fallas y obstáculos, en vez de regañarse o autocriticarse, experimentan mejor salud mental y física. En este ejercicio tendrás que escribir una carta para ti mismo expresando compasión por un aspecto de ti que no te guste.

Primero, identifica algo sobre ti que te hace sentir avergonzado, inseguro o insuficiente, puede ser relacionado a tu personalidad, a tu comportamiento, habilidades, relaciones, o cualquier aspecto de tu vida. Puedes utilizar la creencia limitante que identificaste en el ejercicio anterior.

Una vez que lo hayas identificado, escríbelo y describe como te hace sentir: ¿Triste?, ¿avergonzado?, ¿enojado? Trata de ser tan honesto como sea posible, ten en mente que nadie más que tú leerá esta carta.

El siguiente paso consiste en escribirte una carta a ti mismo expresando compasión. Sigue estas instrucciones: Imagínate que existe alguien que te ama y acepta incondicionalmente como eres. ¿Qué te diría esta persona acerca del aspecto de tu vida que a ti te avergüenza?

- Recuerda que todas y cada una de las personas encuentran en sí mismas aspectos que no les gustan. Todos tenemos alguna falla. Piensa en cuánta gente alrededor del mundo está batallando con lo mismo que tú.

- Considera la manera en que algunos eventos en tu vida, el ambiente familiar en el que creciste o incluso tus genes, han contribuido en este aspecto negativo de ti mismo.

- De una manera compasiva, pregúntate si existen cosas que podrías hacer para mejorar o para hacer frente a este aspecto difícil o negativo. Enfócate en cambios constructivos que puedes hacer ahora mismo, y que pudieran hacerte más feliz, más sano, más realizado. Evita juzgarte.

- Al terminar de escribir esta carta, guárdala unos días. Después sácala y vuélvela a leer. Puede ser especialmente útil hacerlo cuando te sientas negativo acerca de este aspecto. Servirá para recordarte que seas más autocompasivo.

Ruta 7:

Sintiendo todas las emociones

Los caminos no siempre son planos. Andar en bicicleta es como andar en la vida. Es imposible no encontrarte con grava suelta, piedras que complican el recorrido, subidas empinadas, o bajadas que asustan. Es importante saber rodar en todo tipo de terreno.

El tema de la felicidad ha ganado tremenda importancia en los últimos años, ya que los resultados de investigaciones internacionales han concluido, de manera contundente, que ser feliz tiene muchas ventajas. ¿Acaso esto significa que debemos aspirar a ser totalmente felices todo el tiempo? De entrada, suena imposible lograrlo. Pero, y si se pudiera… ¿Sería deseable?

En esta eterna búsqueda de la felicidad total y perfecta pareciera que el objetivo es eliminar o dejar de sentir las emociones difíciles. Por ningún motivo queremos experimentar dolor, tristeza, miedo, enojo, desilusión, remordimiento, frustración o aburrimiento. Hacemos todo lo posible por evadirlas, ignorarlas o anestesiarlas. No las queremos ni para nosotros, ni para nuestros seres queridos.

Todas las emociones son importantes y tienen su función: El miedo nos pone en alerta ante posibles amenazas; del aburrimiento nace la creatividad; el remordimiento promueve mejores conductas. Cierta dosis de infelicidad es importante pues genera el incentivo a cambiar. Si te pones a pensar, las decisiones que tomamos —cambiar de trabajo, emprender algún proyecto, moverte de lugar, aprender algo nuevo, bajar de peso, hacer ejercicio, ir a terapia, renunciar a algo— parten de un estado de insatisfacción e inconformidad. ¿Qué motivación a mejorar o a hacer algo diferente tendríamos si estuviéramos 100% felices el 100% del tiempo?

Un ejército de personas allá afuera desea que vivas más feliz. Si haces una búsqueda en el sitio de Amazon con la palabra «*Happiness*», en la sección de libros de autoayuda, aparecen más de 20.000 opciones. Existe toda una industria dedicada a la felicidad: Cursos de meditación, yoga, psicología positiva, bienes materiales, cremas antiarrugas, lugares, mantras, recetas, hierbas, esencias naturales, ropa, maquillaje, píldoras y remedios. Profesionistas como psicólogos y terapeutas trabajan en el bienestar emocional, los doctores en el bienestar físico y los asesores de vida ayudan a trazar metas personales. Tu mamá y tu papá anhelan que seas feliz. Yo también… por eso escribí este libro.

La búsqueda de la felicidad no debe ser a costa de las emociones difíciles, tiene que ser a pesar de ellas. Al final, y al igual que en todo, es cuestión de balance. Ni tanta felicidad que queme al santo ni tanta que no lo alumbre. Así que nos toca trabajar para ser felices, pero no completamente felices.

Felicidad sin anestesia

Cuando te caes de la bicicleta y te haces un raspón, no lo igno-
ras, lo escondes, ni finges que no te duele. Sencillamente lo
atiendes. Te fijas qué pasó, lo lavas, desinfectas, cuidas y le
aplicas una pomada. Te mantienes al pendiente de si va mejor
o va peor. No sé por qué tendemos a arreglar los temas físicos,
pero omitimos los emocionales.

«Controla tus emociones» es una instrucción para la vida
casi tan común como «mastica con la boca cerrada». Mantener
el equilibrio emocional, además de ser importante para nuestro
bienestar, es de buena educación. Nos incomodan las emociones desbordadas —las buenas y las malas. La expectativa es ser
ecuánime en todo momento y no perder la compostura.

Tener la capacidad de lidiar con nuestras emociones y lograr un verdadero equilibrio es fundamental para nuestro
bienestar. El tema aquí es que hemos entendido mal cómo
lograrlo. En esta constante búsqueda de la felicidad perfecta
pareciera que el objetivo es eliminar, esconder o dejar de sentir las emociones difíciles. Sin embargo, un auténtico balance
supone la capacidad de ser feliz a pesar de las emociones difíciles. Es necesario reconocer que las emociones están ahí, y
aceptar estar con ellas lo suficiente para descifrarlas, proce-
sarlas y canalizarlas de una manera más sana.

Hemos aprendido que para sentirnos bien tenemos que
hacer todo lo posible por negar, minimizar, prohibir, esconder,
evitar o anestesiar emociones como el dolor, la melancolía, la
ira y la frustración.

Sobre la marcha vamos aprendiendo algunos trucos, uno
es negar lo evidente. Por ejemplo: nuestro hijo se golpea la ca-

beza y llora aterrorizado, pues de la tremenda cortada que se hizo, sale un río de sangre, ¿y qué le decimos? *Ya, ya... no te pasó nada.* Las niñas escuchan: *No llores, sonriendo te ves más bonita,* y a los niños: *Los valientes no tienen miedo.* Cuando muere la mascota de la casa se dice el típico: *No estés triste, es solo un perro;* también funciona la de: *Luego compramos otro.* Si muere la pareja de un matrimonio, inmediatamente los familiares le arriman los calmantes al viudo/a para anestesiarle el dolor —o para que no haga un desfiguro durante la misa llorando en exceso. Apuesto a que alguna vez dijiste o te dijeron: *Ahí viene tu ex, haz como que te estás divirtiendo.* Y en el supermercado a tu hija, que está tirada en el piso haciendo un berrinche mundial, quizá le hayas dicho muy quedito y con los dientes apretados: *Levántate que todo el mundo te está viendo... ¿qué van a pensar?*

Ante diversas situaciones, estas recomendaciones detonan sentimientos complicados que lejos de brindar alivio verdadero, generan otro tipo de problemas. Poco a poco vamos perdiendo contacto con nuestras emociones, perdemos la capacidad de reconocer lo que sentimos —confundimos enojo con estrés, tristeza con ansiedad. O quizá, sabemos con exactitud cómo nos sentimos, pero expresarlo con todas sus letras no es políticamente correcto o socialmente deseable, y entonces mejor silenciamos nuestro estado de ánimo. Si alguien te queda mal con una entrega, te sientes furioso pero dices: *No te apures;* estás triste, sin embargo cuando te preguntan que qué tienes, respondes: *No dormí bien.* Sientes desilusión porque tu novio llegó tarde y cuando te pregunta que qué te pasa, tú contestas con un: *Nada,* más letal que un misil nuclear. Desconfiamos de lo que sentimos. Crecemos y vivimos escuchando: *No pasa nada, no exageres, eres muy sensible.* Nos vamos haciendo torpes emocionalmente. Vamos aprendiendo que la felicidad se recupera o se consigue callando, minimizando, ignorando o anestesiando todo lo que nos incomoda.

Alguna vez te has puesto a pensar… ¿cómo manejas las emociones difíciles que vienen con los problemas de la vida?

Las emociones básicas —alegría, furia, miedo, tristeza, sorpresa, desprecio y repulsión— nos han acompañado desde que existe la humanidad. Todas cumplen una función y tienen un propósito, sin embargo, en algún momento decidimos no aceptarlas como parte de nuestras vidas y empezamos a perseguir esta idea de la felicidad perfecta y permanente.

Tal Ben–Shahar —líder académico en el mundo de la Psicología Positiva— habla de un concepto que me encanta: *Permiso para ser humano.* Esta idea sugiere aceptar que las personas venimos cableadas de fábrica con la capacidad de experimentar una gran cantidad de emociones, y es natural sentirlas, incluso cuando pudieran ser contradictorias.

Por ejemplo, podemos estar totalmente enamorados de nuestro bebé en un momento, pensar que no hay cosa más linda en el mundo, y en dos horas sentirnos desesperados con esa criatura de otro planeta que no para de llorar y no tiene para cuando dormirse.

Darnos permiso de ser humanos supone aceptar que las emociones difíciles son parte de nuestra naturaleza, y que una vida plena y feliz incluye problemas.

Hacerles frente, tener curiosidad sobre lo que tratan de decirnos, y tomar decisiones en consecuencia, es mucho mejor para nuestra salud y bienestar, que negarlas, ignorarlas o ahogarnos en ellas.

La vida nos garantiza una buena dosis de situaciones complicadas que detonan sensaciones espinosas. Esta realidad, sumada a nuestra torpeza emocional o escasez de herramientas para hacerles frente, nos orilla a utilizar lo que Brené Brown llama «anestesias». Queremos dejar de sentir, entonces barremos las emociones y las colocamos debajo del tapete o las adormecemos. ¿Cómo anestesiamos lo que sentimos? Ahogándonos en trabajo, manteniéndonos ocupados todo el tiempo, bebiendo dos cervezas al final del día para limar los bordes, tomando pastillas, viendo televisión por horas, naufragando en el Internet, fumando, comiendo, o comprando impulsivamente. Lo que sea, menos sentir. Estas estrategias cumplen su función en el momento, pero no resuelven el problema y corremos el riesgo de necesitar cada vez anestesias más fuertes. Brown nos sugiere explorar qué sentimos, identificar por qué lo sentimos y luego, buscar verdadero alivio. ¿Qué te hace sentir mejor? Caminar al aire libre, hablar con tus amigos, leer, dormir suficiente, comer bien, escuchar música, ver una película, pintar. Vale la pena dedicar unos momentos a generar una lista de estrategias personales a las que podemos recurrir.

Susan David, psicóloga de la Escuela de Medicina de Harvard, habla de la importancia de desarrollar la «**agilidad emocional**» para controlar y manejar nuestras emociones sin caer en el problema de reprimirlas y sufrir las consecuencias de eso. Ella explica que las emociones fuertes no son malas, por el contrario, están llenas de información que podemos aprender a usar para tomar mejores decisiones. Los siguientes tres pasos nos permitirán trabajar en nuestra agilidad emocional. El primero, es nombrar o etiquetar nuestras emociones, ¿qué es exactamente esto que estoy sintiendo?,

¿tristeza, enojo, fastidio, frustración? Entre más amplio sea nuestro vocabulario emocional, más fácil será identificar lo que sentimos. El segundo, tiene que ver con identificar la intensidad de esa emoción, ¿es molestia o furia? La intensidad de la emoción nos da una pista de la seriedad de la causa. El tercero, consiste en escribir lo que sentimos. Investigaciones recientes nos muestran que cuando describimos eventos muy cargados de emociones nuestro bienestar físico y emocional mejora.

Aspirar a ser perfectamente felices lo único que garantiza es un encontronazo con la frustración, el resentimiento, o la decisión de dejar de tratar, y estacionarnos en nuestra zona de confort. Para lograr un verdadero equilibro emocional es importante estar conscientes de nuestras emociones, aceptarlas y entenderlas. Tenemos que sentarnos dentro del sauna, aunque esté caliente y sudemos mucho.

Un vistazo a tu interior: *¿Qué tipo de situaciones, personas, fechas o lugares, detonan en ti emociones difíciles? ¿Qué tipo de anestesias utilizas?*

Embotellar o incubar emociones

Existen dos comportamientos comunes a los que recurrimos las personas para no encarar ciertos sentimientos: Embotellar o incubar emociones. David los describe con detalle en su libro *Agilidad emocional*.

Si te suena conocido hacer a un lado las emociones difíciles, disfrazarlas, esconderlas debajo de la alfombra, meterlas al fondo del cajón, taparlas con un montón de calcetines para no verlas, y seguir con tu rutina —como si nada estuviera pasando—, es posible que seas un embotellador de emociones.

¿Cómo se ve en la práctica? Después de un conflicto con alguien cercano, podrías sumergirte en un proyecto de trabajo que «**tienes**» que hacer. Luego de una ruptura amorosa, podrías encontrarte tomando alcohol para anestesiar el dolor. Tal vez estás muy triste, con ganas de llorar, pero tienes que ir al colegio de tus hijos y como no quieres llegar con la evidencia en los ojos, mejor te pones a hacer galletas para distraerte. O postergas frustraciones personales ocupándote de los demás. También podría ser que no expresas lo que sientes para no alborotar el avispero, o minimizas la importancia de esa promoción en el trabajo que no recibiste, y haces como que no te duele.

El tema con embotellar las emociones es que no se soluciona la causa, y podemos pasar años estacionados en el mismo lugar, padeciéndolas: en un trabajo que odiamos, en la relación que no funciona, o pasando tiempo con ese amigo tóxico. Ignorarlas impide cualquier posibilidad de cambio o crecimiento.

Embotellar tiene un riesgo que se conoce como «fuga emocional». Podemos pasar semanas tratando de evitar un tema doloroso, actuando positivamente y haciendo todo lo que tenemos que hacer en términos de obligaciones, y con nuestro mejor disfraz puesto. De pronto nos damos cuenta que a uno de nuestros hijos se le olvidó darle de comer al perro, y armamos una guerra nuclear; o estamos viendo una película inofensiva, y alguna escena nos deja llorando sin control. Tenemos una fuga emocional cuando un detalle pequeño tiene la capacidad de liberar toda la presión acumulada.

Ahora, si te instalas profundamente en los sentimientos difíciles, te cuesta trabajo salir de ellos, o ver más allá… es posible que seas un incubador de emociones. Quizá seas de los que ensayas mentalmente las conversaciones que vas a tener con tu jefe o con tu novio cuando lo veas. O te reprochas por haber dicho «X» en lugar de «Y», y te castigas por no haber hecho las cosas de diferente manera. Los incubadores de emociones son como una olla express. Para las personas de esta naturaleza «dejar ir», es una de las cosas más difíciles.

A diferencia de los embotelladores, que evaden sus emociones, los incubadores las sienten intensamente, y corren el riesgo de ahogarse en ellas. También pueden tener la impresión de que, pensando mucho en sus problemas o dificultades, solucionarán el problema. Pero solo pensar no es suficiente, más bien es agotador y poco productivo. Es necesario tomar acción.

Ni embotellar ni incubar emociones favorece nuestra salud y bienestar. Son «aspirinas emocionales de corto plazo», como dice S. David, recurrir a estas tácticas de vez en cuando no es problema; a veces es necesario hacer a un lado un conflicto para sacar adelante una tarea importante.

Pero estas estrategias usadas de manera consistente tienen un efecto negativo en nuestras condiciones de vida, ya que frenan el cambio y nos alejan de la gente que queremos.

No es fácil cambiar nuestros estilos de un día para otro, pero quizás un primer paso podría ser identificar nuestras reacciones cuando estamos invadidos de emociones difíciles, y mostrar un poco de curiosidad para explorar de dónde vienen.

Nada de lo anterior sugiere que la solución sea darle rienda suelta a las emociones y permitir que se desborden. Efectivamente, no es deseable que nuestra hija haga una pataleta en el pasillo de los cereales, pero el argumento para sacarla de la rabieta no debe ser: *¿Qué van a pensar los demás?*, sino algo más parecido a: *Ese cereal no es bueno para tu salud y me interesa cuidarte.* Es más positivo calmar al niño después de la caída de la bicicleta y reconocer que se dio un trancazo, que seguro le duele, pero que pronto va a estar mejor. Las niñas bonitas también se ponen tristes, y la valentía no es de quienes no tienen miedo, sino de quien hace las cosas a pesar de sentirlo, sin importar el género. La idea es encontrar una fórmula donde logremos sentirnos mejor, al mismo tiempo que reconocemos y tomamos en cuenta las situaciones desafortunadas.

Un vistazo a tu interior: *Y tú... ¿embotellas o incubas emociones?*

Ruta 8:

Disfrutar el presente y hacer lo que te gusta

Hacer menos pero mejor

¿Te has encontrado a ti mismo fantaseando con la idea de tener días con más horas disponibles? Te lo pregunto porque nuestros horarios están tan saturados, y pareciera que la única manera posible para hacer lo que verdaderamente nos gusta o nos apasiona sería teniendo horas adicionales.

La realidad es que, a menos que algo increíble pase, los días seguirán teniendo 24 horas. Si queremos hacer algo más que pendientes y obligaciones, tenemos que fabricar espacios dentro de este margen de tiempo. Algo tenemos que cambiar para crear momentos placenteros, saborear los pequeños detalles de la vida, habitar el presente y avanzar en lo verdaderamente importante.

En su libro *Esencialismo*, Greg Mckeown argumenta que solo cuando nos demos permiso de renunciar a tratar de hacer todo, y dejemos de decirle que sí a cada persona o a cada evento que nos pase por enfrente, podremos progresar en lo que da sentido a nuestras vidas. Hacer menos pero mejor. El esencialismo no se trata de cómo hacer más cosas, sino de cómo hacer las que importan más.

Antes de hablar sobre los consejos para vivir bajo los principios del esencialismo, McKeown nos ayuda a entender tres factores que explican el traqueteo del No-esencialismo en el que estamos ahogándonos.

Demasiadas opciones. ¿Te has sentido alguna vez agobiado frente a la tarea de decidir entre tantas opciones disponibles? Comprar un vino o un bloqueador solar, por ejemplo, puede ser abrumador. Tenemos que dedicar mucho tiempo a explorar las cientos de variedades, y a distinguir entre las sutiles diferencias para asegurarnos de tomar la mejor decisión. La abundancia de opciones quizá nos da una sensación de libertad, pero lo cierto es que nos hacemos rehenes del proceso de toma de decisiones. Nos confundimos, nos distraemos y gastamos mucho tiempo evaluándolas —por curiosidad o simplemente porque están ahí— aunque muchas veces nada tienen que ver con nosotros. Tenemos tantas opciones disponibles —sabores de mermeladas, colores de tapices, restaurantes, fuentes de información— que decidir puede ser agotador. Hemos perdido la habilidad de filtrar lo que es importante de lo que no lo es.

Presión social. Nuestro nivel de conectividad ha incrementado la fuerza de la presión social. La tecnología ha eliminado barreras y ha hecho posible que otros opinen sobre aquello en lo que debemos enfocarnos. Las redes sociales facilitan las comparaciones sociales y nos marcan el patrón de lo que debe ser. Por pura presión social y por quedar bien, con frecuencia, terminamos haciendo lo que los demás hacen, incluso, si no nos gusta, —usar zapatos de tacón con quince centímetros de altura aunque nos duela la espalda— o seguir un estilo de vida que rebasa nuestras posibilidades económicas —organizando fiestas infantiles que parecen bodas, o tomando vacaciones en el lugar de moda—.

La idea de que podemos tenerlo todo. La lista de habilidades, conocimientos y encantos que debemos tener para ser exitosos es cada vez más larga y exigente —por algo tenemos a nuestros hijos en clases de todo. Nos han vendido la idea de que tenerlo todo es posible con tan solo encontrar la forma de volvernos eficientes. Allá afuera existe la manera de consumir y hacer todo al mismo tiempo sin desgastarnos… eso es lo que prometen cursos, anuncios y demás. En teoría, esto suena muy bien, pero en la práctica equivale a tomar agua con manguera de bombero. Es imposible hacer todo al mismo tiempo y no atragantarnos. Quizá podemos hacerlo, aunque no al mismo tiempo.

Entonces… ¿cuáles son los principios del esencialismo, y cómo creamos tiempo para hacer lo que más nos gusta e importa?

McKeown propone tres pasos:

1. **Explorar y evaluar.** Seguido nos involucramos en actividades o adquirimos compromisos por inercia o entusiasmo de corto plazo, para luego darnos cuenta de que no nos aportan nada, no están alineadas con nuestros gus-

tos, y nos cuestan tiempo y dinero. Por ejemplo: Inscribirnos en un curso de historia del arte que nos recomendó un amigo cuando en realidad el tema no nos interesa; aceptar un proyecto de trabajo que no es de nuestra área y no nos inspira. Explorar y evaluar tiene que ver con informarte antes de tomar una decisión y comprometerte con algo. Entonces, antes de decir que sí a cualquier cosa, podrías tocar base con personas que sepan del tema, hacer preguntas, leer e investigar. De manera que cuando elijas algo, estés seguro de tu decisión. Antes de comprar todo el atuendo para correr, o inscribirte en un gimnasio, podrías tomar una o varias clases de prueba.

2. **Eliminar.** El principio fundamental de cualquier trayectoria exitosa consiste en decir más veces NO y menos SÍ. Qué importante es deshacernos de lo que sobra. A los latinos, en especial, nos cuesta trabajo decir que NO. Tenemos esta naturaleza que nos empuja a complacer a los demás y nos resulta agonizante responder con una negativa a cualquier invitación. Crear espacios para disfrutar de los pequeños detalles, y avanzar en eso que le da sentido a nuestras vidas, requiere de una limpia casi salvaje. Tirar lo que no sirve, como cuando nos deshacemos de la ropa vieja, lo que no hemos usado en años, lo que nunca nos gustó, o lo que ya no nos queda. Decirle que no a *Facebook* para leer el libro que nos interesa, eliminar compromisos y comparaciones sociales, es decir, poner límites. Son estrategias que nos acercan a una vida más esencial.

3. **Plan de acción.** Para trabajar en lo primordial es clave identificar exactamente las actividades y proyectos a los

cuales dedicaremos nuestros recursos, tiempo y esfuerzos. Una vez que lo hacemos, lo siguiente consistirá en diseñar un sistema que nos facilite llevarlas a cabo. Por ejemplo, si quiero escribir un libro, tengo que determinar un lugar, un espacio, un horario para escribirlo y hacer de esto una actividad no negociable. Casi como mi clase en la universidad. Tengo claro que no puedo aceptar compromisos en mi horario de trabajo, es un tiempo sagrado e inamovible.

Tenemos que instaurar el tiempo para disfrutar de los pequeños detalles de la existencia, habitar el momento presente, hacer lo que nos gusta y avanzar en nuestros propósitos de vida. El día seguirá teniendo 24 horas, esto significa que tenemos que ser más selectivos con nuestro tiempo. No podemos meter diez pelotas en un saco hecho para cinco, debemos considerar que no podemos agrandar el saco, por lo tanto, toca decidir cuáles entran y cuáles salen, aunque algunas nos gusten mucho.

Un vistazo a tu interior: *¿Qué actividades o compromisos podrías eliminar de tu rutina?*

Saborear la vida

Como loca. Súper ocupado. Full. Saturado. En friega. Corriendo. Son respuestas comunes a la pregunta: ¿Cómo estás?, que hacemos con frecuencia cuando nos encontramos con alguien o hablamos por teléfono. Estas expresiones son al mismo tiempo quejas y medallas al mérito. Estar atareado es lo de hoy, y a esta nueva moda se le conoce como la glorificación de estar ocupado.

En algún momento tener tiempo disponible empezó a verse mal, pareciera que nuestro grado de saturación es directamente proporcional a lo extraordinarios que somos como seres humanos. Admiramos a quien duerme menos y come en el escritorio de la oficina, porque no tiene tiempo. En esta persecución por la afluencia económica hemos caído en una escasez brutal de tiempo. Ricos en dinero, pero pobres en tiempo.

Me parece que esta histeria, en cierta medida, es voluntaria, la escogemos. Decimos que sí a todo… reuniones, clases, fiestas, proyectos, trabajo, vueltas, viajes, oportunidades. Agendamos cada media hora de nuestros días. Estamos tan atiborrados como hotel de playa en Semana Santa. Los espacios libres en el calendario nos producen ansiedad. Me pregunto si estaremos empezando a determinar nuestro sentido de vida en función de nuestro nivel de ocupación y de nuestra capacidad para hacer muchas cosas al mismo tiempo.

Nuestros hijos también están saturados. Con las mejores intenciones de hacerlos exitosos los metemos en todo, pasan ocho horas en el colegio —que equivale a un trabajo de tiempo completo— y siguen en clases extracurriculares. Basquetbol, pintura, ballet, guitarra, catecismo, soccer, etc. Todavía no se me olvida el año escolar en que mis hijas grandes estuvieron en tres deportes y clases de música. Las recogía del colegio y, con frecuencia, comían en el carro mientras íbamos a sus partidos. Más de una vez salieron de mi casa a las 7:30 de la mañana y volvieron después de las 8:00 de la noche. Y aún faltaba la tarea. Tenían turnos de más de doce horas a la edad de diez años, una locura. Empatar agendas para invitar amigas era todo un reto de logística... *En dos semanas tienen tres horas libres el viernes de 5:00 a 8:00 después de su juego, ¿cómo ves?, ¿te funciona?* ¡Ah!, pero luego nos parece raro que estén de mal humor, ansiosos, apáticos, deprimidos, agresivos, y entonces, tenemos que encontrar espacio para la terapia.

Ante esto, ¿qué podemos hacer?

Saborear la vida es el antídoto perfecto para hacerle frente a este monstruo de la glorificación de estar ocupado.

El concepto se refiere a la habilidad para disfrutar por completo el momento presente. Además, consiste en hacerlo deliberadamente y en forma cotidiana como parte de la rutina y no solo en ocasiones especiales o estando de vacaciones: Pasar tiempo con los amigos tomando un café, sentarse a ver un atardecer, dormir una siesta, leer un bueno libro, beber una copa de vino, disfrutar de una buena comida.

¿Cómo cambiaría la calidad de nuestras vidas si dedicáramos un poco de tiempo a disfrutar el momento? ¿Qué pasaría si en lugar de revisar nuestro teléfono para ver si llegó un mensaje, si hay una nueva noticia, poner todo inmediatamente en su lugar, jugar videojuegos o ponernos al corriente en series de televisión, no hiciéramos nada?

Yo creo que seríamos más felices. La felicidad no solamente se trata de tener experiencias positivas, sino de tener la capacidad de notarlas, disfrutar de ellas y prolongarlas. Estas son algunas recomendaciones para practicar esta idea de saborear la vida:

- **Desconéctate.** Navegar en las redes sociales no cae dentro de la definición del placer de no hacer nada. Toma tu café por la mañana sin tu *iPad* o tu teléfono. Deja de revisar tus aparatos electrónicos un rato antes de irte a dormir.
- **Levanta la vista e involucra tus sentidos.** Encuentra la belleza a tu alrededor. Elige un lugar lindo donde sentarte, y dedícate a observar. Mira a la gente pasar, busca figuras en las nubes, siente la brisa, fíjate en los diferentes verdes de la hiedra, descifra sonidos y pon atención en los olores. ¿Ejemplos? Un día de cielo azul, el sol calentando tu piel, olor a galletas caseras, un amanecer, un baño de tina, ver a través de la ventana, escuchar tu música favorita, observar las flores o cualquier insecto que ande por ahí.
- **Menos televisión y más naturaleza.** Reduce tu consumo de televisión. Conecta con la naturaleza. Pasa tiempo al aire libre, sal a caminar con tu mascota. Llénate de verde.
- **Libérate de la culpa.** Menos, es más. Cuando logramos relajarnos, dormimos el tiempo suficiente, y no saturamos nuestros días, somos más productivos y eficientes. Haz espacios en tu calendario para no hacer nada o para dormir una siesta. De 2:00 a 3:00 de la tarde «*Far Niente*»[5]. Estar ocupados el 100% del tiempo ya está pasando de moda. Permítele a tu rostro sentir el aire que entra por la ventana mientras manejas, en lugar de ir dictando correos.

---

5. No hacer nada.

- **Practica tus pasatiempos.** Pinta, colorea, toca algún instrumento, escucha música, escribe, intenta una nueva receta, siembra flores, teje, medita. Dedica tiempo a explorar tu creatividad de una manera relajante.
- **Sáltate algunos pendientes.** No tienes que recoger la mesa y lavar los platos inmediatamente después de comer. Disfruta el postre, el café, la sobremesa, la conversación y las risas de quienes te acompañan.
- **Elige un día de descanso.** Puede ser el sábado, el domingo o cualquier día que te quede bien. Ignora los mensajes en los miles de *chats* de tu teléfono, pasa un día en tu casa, quédate metido en la cama, disfruta a tu familia.
- **Ten presente la temporalidad.** Recuerda que nuestras experiencias no duran para siempre —aunque quisiéramos— y cuando sabemos que son finitas tendemos a disfrutarlas más en el momento.

Habitar, disfrutar el momento presente, notar y agradecer lo que tenemos. No solo sábados, domingos y días de vacaciones, sino un rato cada día. Quitémosle glamour al estar todo el tiempo ocupados y disfrutemos de los pequeños detalles que únicamente podemos notar cuando decidimos tomar conciencia de ello.

Un vistazo a tu interior: *¿Qué pequeña acción podrías hacer para disfrutar plenamente un momento al día?*

Enfriamiento

Te has puesto a pensar alguna vez, *¿qué tal si ya soy suficientemente feliz?*

Para quienes se sienten crónicamente tristes, deprimidos o enojados, trabajar para aumentar su felicidad es primordial. Pero, ¿qué hay de quienes ya son felices? ¿Qué pasa con los que están satisfechos con su vida tal y como es? Creer que debes ser todavía más feliz —cuando ya te sientes feliz— irónicamente podría hacerte menos feliz. Querer ser un diez perfecto en la escala de la felicidad siendo un sólido ocho o nueve, puede generar una sensación de falsa escasez e insatisfacción. En ocasiones, el secreto está solo en reconocer que, al menos en este periodo de tu vida, eres feliz, o que ya tienes parte del camino avanzado. Precisamente esto descubrió un alumno mío en la universidad, dijo que lo más valioso del curso para él había sido caer en la cuenta de que ya era feliz, y que tenía todo para seguir siéndolo: *Estoy con las personas que quiero, me acompañan mis amigos, tengo más de lo que necesito, disfruto lo que hago, gozo de buena salud, participo en actividades que me gustan, sé lo que quiero lograr y cuento con los recursos personales para hacerlo.*

Conclusiones

No puedes cambiar tu destino de lu noche a la mañana,
pero sí cambiar tu dirección.

JIM ROHN

Los seres humanos compartimos el deseo de sentirnos bien. En esto estamos todos juntos. Detrás de todo lo que hacemos está la esperanza de alcanzar un estado de paz, tranquilidad y felicidad.

Hoy sabemos mucho más acerca de la felicidad. Además de sentirse bien tiene grandes beneficios; cuando estamos en un estado emocional positivo tenemos acceso a nuestros recursos personales de mejor calidad. Funcionamos mejor en cada aspecto de nuestra vida cuando nos sentimos satisfechos con ella.

La fórmula de la felicidad no es la misma para todos, no existe un solo camino. Cada uno de nosotros tenemos que trabajar para ser felices en nuestro propio recorrido, con lo que somos, desde donde estamos, con los recursos que tenemos y las circunstancias que nos toca vivir.

Es importante tener en cuenta que las condiciones de ruta siempre cambian y nos obligan a hacer ajustes sobre la marcha.

En algunos tramos la carretera estará recién asfaltada y la bici se desplazará con facilidad; en otros, estará en mal estado, agrietada, con grava suelta, agujeros o derrumbes. En ocasiones el camino nos romperá las piernas mientras alternamos entre subidas y bajadas. Tener los recursos para andar en todo tipo de terreno es fundamental.

La felicidad es una destreza que podemos desarrollar cuando tomamos la decisión de hacernos responsables de nuestro propio bienestar. Años de investigación académica hoy se traducen en conocimiento accesible sobre las herramientas que podemos incorporar en nuestra rutina diaria para vivir más felices.

Quizá pienses que todo esto es demasiado, que tienes que cambiar radicalmente y transformar tu vida por completo para ser feliz, no es así. Pequeños y graduales cambios tienen la capacidad de transformarla.

Ahora ya conoces diferentes rutas para rodar en la felicidad y tienes todo lo que necesitas para empezar. Elige alguna de las estrategias presentadas en este libro, conviértela en hábito y verás que tu sensación de felicidad irá en aumento.

Aprendemos a andar en bicicleta montándonos en ella y pedaleando. Con la práctica y sumando kilómetros, logramos maniobrar en todo tipo de terrenos, fortalecemos nuestros músculos y toleramos mejor la incertidumbre cuando el camino es desconocido porque confiamos en que tenemos las habilidades para hacer frente a lo imprevisto. Pasa igual con la felicidad: Hay que trabajarla en nosotros, diariamente, paso a paso.

Las herramientas funcionan siempre y cuando las usemos. La felicidad, al igual que andar en bicicleta, es una destreza que solo se adquiere con la práctica.

Allí está el camino. Monta en tu bicicleta.

Referencias

Achor, S. (2011). *The happiness advantage: the seven principles that fuel success and performance at work*. London: Virgin.

Bartlett, M. Y., & Desteno, D. (2006). Gratitude and Prosocial Behavior. *Psychological Science,17*(4), 319-325. doi: 10.1111/j.1467-9280.2006.01705.x

Ben-Shahar, T. (2007). *Happier: learn the secrets to daily joy and lasting fulfillment*. New York: McGraw-Hill.

Ben-Shahar, T. (2010). *Even happier: a gratitude journal for daily joy and lasting fulfillment*. New York: McGraw-Hill.

Ben-Shahar, T. (2014). *Choose the life you want: the mindful way to happiness*. New York, NY: The Experiment.

Bono, G., & Mccullough, M. E. (2006). Positive Responses to Benefit and Harm: Bringing Forgiveness and Gratitude in to Cognitive Psychotherapy. *Journal of Cognitive Psychotherapy,20*(2), 147-158. doi: 10.1891/jcop.20.2.147

Brown, B. (2012). *Daring greatly: how the courage to be vulnerable transforms the way we live, love, parent, and lead*. New York, NY: Penguin Publishing Group.

Brown, B. (2014). *The gifts of imperfection: let go of who you think you're supposed to be and embrace who you are.* Charleston, SC: Instaread Summaries.

Buettner, D. (2009). *The blue zones: lessons for living longer from the people who've lived the longest.* Washington, D.C.: National Geographic Society.

Buettner, D. (2011). *Thrive: finding happiness the Blue Zones way.* Washington, D.C.: National Geographic.

Carter, C. (2011). *Raising happiness: 10 simple steps for more joyful kids and happier parents.* New York: Ballantine Books.

Carter, C. (2015). *The sweet spot: how to find your groove at home and work.* New York: Ballantine Books.

Castro, R. A. (2014). *Practicando la escritura terapéutica: 79 ejercicios.* Bilbao: Desclée de Brouwer.

Christakis, H. B. (2017, August 21). A New, More Rigorous Study Confirms: The More You Use Facebook, the Worse You Feel. Recuperado en agosto 16, 2017, de https://hbr.org/2017/04/a-new-more-rigorous-study-confirms-the-more-you-use-facebook-the-worse-you-feel

Csikszentmihalyi, M. (2009). *Flow: The psychology of optimal experience.* New York: Harper Row.

David, S. (2017). *Emotional agility: get unstuck, embrace change and thrive in work and life.* S.l.: Penguin Life.

Diener, Ed, and Rober Biswas-Diener. *Happiness: unlocking the mysteries of psychological wealth.* Blackwell Publishing, 2011.

Dolan, P. (2014). *Happiness by design: change what you do, not how you think.* New York, NY: Penguin Publishing Group.

Drive.com.au. «Sleepy driver as dangerous as drunk driver: study.» *Drive*, 9 Oct. 2016, www.drive.com.au/motor-news/sleepy-driver-as-dangerous-as-drunk-driver-study-20120531-1zk6w.

Emmons, R. A., & Mccullough, M. E. (2003). Counting blessings versus burdens: An experimental investigation of gratitude and subjective well-being in daily life. *Journal of Personality & amp; Social Psychology, 84*(2), 377-389. doi: 10.1037//0022-3514.84.2.377

Emmons, R. A. (2007). *Thanks!: how the new science of gratitude can make you happier.* Boston: Houghton Mifflin Co.

Ferguson, Y. L. (2011). Happiness: unlocking the mysteries of psychological wealth, by Ed Diener and Robert Biswas-Diener. *The Journal of Positive Psychology,6*(3), 234-236. doi: 10.1080/17439760.2011.565605

Fredrickson, B. L., Tugade, M. M., Waugh, C. E., & Larkin, G. R. (2003). What good are positive emotions in crisis? A prospective study of resilience and emotions following the terrorist attacks on the United States on September 11th, 2001. *Journal of Personality & amp; Social Psychology,84*(2), 365-376. doi: 10.1037//0022-3514.84.2.365

Fredrickson, B. (2011). *Positivity: ground breaking research to release your inner optimist and thrive.* Oxford: Oneworld.

Frías, A., Watkins, P. C., Webber, A. C., & Froh, J. J. (2011). Death and gratitude: Death reflection enhances gratitude. *The Journal of Positive Psychology,6*(2), 154-162. doi: 10.1080/17439760.2011.558848

Fuentes, N., & Rojas, M. (2001). *Social IndicatorsResearch,53*(3), 289-314. doi: 10.1023/a:1007189429153

Green, W. (2010). *This is the moment!: how one man's year long journey captured the power of extraordinary gratitude.* Carlsbad, CA: Hay House.

Hamilton, D. R. (2010). *Why kindness is good for you.* Alexandria (Australia): Hay House.

Holt-Lunstad, J., Smith, T., & Layton, J. (2010). Social Relationships and Mortality Risk: A Meta-analytic Review. *SciVee*. doi: 10.4016/19865.01

Emmons, R. (n.d.). How Gratitude Can Help You Through Hard Times. Recuperado en marzo 29, 2017, de http://greatergood.berkeley.edu/article/item/how_gratitude_can_help_you_through_hard_times

Huffington, A. (2015). *Thrive: The Third Metric o Redefining Success and Creating a Life of Well-being, Wisdom, and Wonder.* New York, US: Baker & Taylor.

Klein, S., & Dollenmayer, D. (2014). *The survival of the nicest: how altruism made us human and why it pays to get along.* Brunswick, Victoria: Scribe.

Lamott, A. (2016). *Stitches: a handbook on meaning, hope and repair.* London: Hodder.

Lyubomirsky, S. (2010). *The how of happiness: a practical guide to getting the life you want.* London: Piatkus.

Mccullough, M. E., Emmons, R. A., & Tsang, J. (2002). The grateful disposition: A conceptual and empirical topography. *Journal of Personality and Social Psychology,82*(1), 112-127. doi: 10.1037//0022-3514.82.1.112

McKeown, G. (2014). *Essentialism the disciplined pursuit of less.* New York, NY: Crown Business.

Miller, C. A., & Frisch, M. B. (2011). *Creating your bestlife: the ultimate lifelist guide.* New York: Sterling.

Misner, I. (2014, November 26). The Danger of Continuous Partial Attention. Recuperado en agosto 17, 2017, de https://www. entrepreneur.com/article/240254

Olien, J. (2013, August 23). Loneliness Can Kill You. Don't Let It. Recuperado en agosto 17, 2017, de http://www.slate.com/articles/ health_and_science/medical_examiner/2013/08/dangers_of_ loneliness_social_isolation_is_deadlier_than_obesity.html

Rath, T. (2013). *Eat move sleep: how small choices lead to big changes.* Arlington, VA: Missionday.

Rath, T., &Harter, J. K. (2014). *Wellbeing: the five essential elements.* New York: Gallup Press.

Rath, T. (2015). *Are you fully charged?: the 3 keys to energizing your work and life.* Arlington, VA: Silicon Guild, an imprint of Missionday.

Rojas, M. (2014). *El estudio científico de la felicidad.* México, D.F.: Fondo de Cultura Económica.

Seligman, M. E., Steen, T. A., Park, N., & Peterson, C. (2005). Positive Psychology Progress: Empirical Validation of Interventions. *American Psychologist,60* (5), 410-421. doi: 10.1037/0003-066x.60.5.410

Seligman, M. (2017). *Authentic happiness.* S.l.: Nicholas Brealey Pub.

Singer, M. A. (2013). *The untethered soul: the journey beyond yourself.* Oakland, CA: Noetic Books, Institute of Noetic Sciences, New Harbinger Publications, Inc.

Stewart, J. B. (2016, May 05). Facebook Has 50 Minutes of Your Time Each Day. It Wants More. Recuperado en agosto 17, 2017, de https://www.nytimes.com/2016/05/06/business/facebook-bends-the-rules-of-audience-engagement-to-its-advantage.html

Study: Sleepy drivers equally as dangerous as drunken drivers. (n.d.). Recuperado en agosto 18, 2017, de http://www.foxnews.com/health/2012/05/31/study-sleepy-drivers-equally-as-dangerous-as-drunken-drivers.html

N. C., & J. F. (2007). The Spread of Obesity in a Social Network. *New England Journal of Medicine,357*(18), 1866-1868. doi: 10.1056/nejmc072478

Thomas, B. (2010). *Powered by happy: how to get and stay happy at work (boost performance, increase success, and transform your workday).* Naperville, IL: Sourcebooks.

Valtorta, N. K., Kanaan, M., Gilbody, S., Ronzi, S., & Hanratty, B. (2016). Loneliness and social isolation as risk factors for coronary heart disease and stroke: systematic review and meta-analysis of longitudinal observational studies. *Heart,102*(13), 1009-1016. doi: 10.1136/heartjnl-2015-308790

Veenhoven, R. (1984). Conditions of Happiness. doi: 10.1007/978-94-009-6432-7

Waldinger, R. (n.d.). ¿Qué resulta ser una buena vida? Lecciones del estudio más largo sobre la felicidad. Recuperado en agosto 16, 2017, de https://www.ted.com/talks/robert_waldinger_what_makes_a_good_life_lessons_from_the_longest_study_on_happiness?language=es

WhatsApp, Facebook first things people check in morning, claimsstudy. (n.d.). Recuperado agosto 17, 2017, de http://www.

firstpost.com/tech/news-analysis/whatsapp-facebook-first-things-people-check-in-morning-claims-study-3673247.html

Whitbourne, S. K. (2016, September 17). This Is Why We Can't Put Down Our Phones. Recuperado en agosto 17, 2017, de https://rsrc2.psychologytoday.com/blog/fulfillment-any-age/201609/is-why-we-cant-put-down-our-phones

White, R. (2014). *Connecting happiness and success: a guide to creating success through happiness.* Dallas, Tx.: Xilo Media.

Wiecha, Jean L., et al. «When Children Eat What they Watch.». *Archives of Pediatrics & Adolescent Medicine*, vol. 160, no. 4, Jan. 2006, p. 436., doi: 10.1001/archpedi.160.4.436.

Datos de contacto:

http://www.bienestarconciencia.com/
http://bienestarconciencia.me/

ECOSISTEMA DIGITAL

NUESTRO PUNTO DE ENCUENTRO

www.edicionesurano.com

2 AMABOOK
Disfruta de tu rincón de lectura
y accede a todas nuestras **novedades**
en modo compra.
www.amabook.com

3 SUSCRIBOOKS
El límite lo pones tú,
lectura sin freno,
en modo suscripción.
www.suscribooks.com

DISFRUTA DE 1 MES DE LECTURA GRATIS

1 REDES SOCIALES:
Amplio abanico
de redes para que
participes activamente.

4 APPS Y DESCARGAS
Apps que te
permitirán leer e
interactuar con
otros lectores.